21世纪高等学校土木建筑类
创新型应用人才培养规划教材

道路工程设计软件应用

主　编　刘赛花
副主编　李德慧　呼　超
主　审　谢晓莉

WUHAN UNIVERSITY PRESS
武汉大学出版社

图书在版编目(CIP)数据

道路工程设计软件应用/刘赛花主编.—武汉:武汉大学出版社,2019.11(2024.12 重印)
ISBN 978-7-307-21092-9

Ⅰ.道… Ⅱ.刘… Ⅲ.道路工程—计算机辅助设计—应用软件 Ⅳ.U412-39

中国版本图书馆 CIP 数据核字(2019)第 162657 号

责任编辑:胡 艳　　责任校对:汪欣怡　　版式设计:马 佳

出版发行:**武汉大学出版社**　(430072 武昌 珞珈山)
(电子邮箱:cbs22@whu.edu.cn 网址:www.wdp.com.cn)
印刷:武汉邮科印务有限公司
开本:787×1092 1/16　印张:10　字数:243 千字　插页:1
版次:2019 年 11 月第 1 版　2024 年 12 月第 3 次印刷
ISBN 978-7-307-21092-9　定价:35.00 元

前　言

随着高等教育事业的发展，新型教学模式的研究和实践已经成为我国高等教育教学改革的热点。国家正在大力推进应用型本科人才培养的改革，应用型本科主要以理论够用为度，重实践。因此，需要有针对性的实践教材来辅助提高实践环节的教学效果，提升应用型本科人才的培养效果。

道路工程是道路建设的必备环节，也是交通工程设施的基础。不论是公路还是城市道路，不论是新建道路还是改扩建道路，无一例外都需要进行道路工程设计。道路工程设计包括道路平、纵、横的几何设计和道路结构设计两方面，本书主要以鸿业市政道路设计软件为例，讲述道路工程的几何设计方法。

本书以应用型本科为主要对象，希望初学者在学习道路勘测设计等道路理论课的基础上，能把理论和实践融会贯通，快速掌握道路几何设计的基本方法和技巧。本书在编写过程中还得到了曾颖颖、姜力玮、李莹莹等的帮助和反馈，在此一并表示感谢！

恳请同行和读者批评指正，特此致谢！

编　者

2019 年 6 月

目 录

第1章　道路工程设计软件介绍

1.1　道路工程软件介绍

道路工程是道路建设的必备环节，也是交通工程设施的基础。不论是公路还是城市道路，不论是新建道路还是改扩建道路，无一例外都需要进行道路工程设计。道路工程设计包括道路平、纵、横的几何设计和道路结构设计。在线形层面，平面和纵断面设计应符合公路路网规划、城市路网规划、道路红线、道路功能、桥隧的要求，并应综合考虑土地利用、文物保护、环境景观、征地拆迁等因素。平面和纵断面设计应与地形地物、地质水文、地域气候、地下管线、排水等要求结合，并应符合各级道路的技术指标，应与周围环境相协调，线形应连续与均衡。线形组合应满足行车安全、舒适以及与沿线环境、景观协调的要求，平面、纵断面线形应均衡，路面排水应通畅。横断面应该因地制宜，考虑平衡机动车需求与慢行空间的设置。道路交叉形式应根据道路网规划、相交道路等级及有关技术、经济和环境效益的分析合理确定。在路基及路面结构设计方面，路基、路面设计应根据道路功能、类型和等级，结合沿线地形地质、水文气象及路用材料等条件，因地制宜、合理选材、节约资源。应使用节能降耗型路面设计，积极应用路面材料再生利用技术，并选择技术先进、经济合理、安全可靠、方便施工的路基路面结构。设计的路基、路面应具有足够的强度和稳定性，以及良好的抗变形能力和耐久性。同时，路面面层还应满足平整和抗滑的要求。本书介绍的鸿业市政道路设计软件主要讲述道路路线几何设计。

目前，基于 AutoCAD 的道路工程辅助设计软件主要有纬地三维道路设计系统、路线大师、EICAD、海地、鸿业等，每种软件都有各自的特点。鉴于鸿业市政道路设计软件易于操作，并在城市道路设计中使用广泛，本书主要以鸿业市政道路设计软件为例进行设计讲解并以具体实例来讲解完整的设计流程。在掌握了该设计软件之后，其他软件的设计流程大致相同，读者可以较快上手。

1.2　鸿业市政道路设计软件介绍

鸿业市政道路设计软件(简称 HY-SZDL，下文皆用简称表示)，是鸿业科技有限公司推出的道路施工图设计系列产品之一。鸿业科技开发的道路系列产品包括：市政道路设计软件、交通设施设计软件、互通立交设计软件、旧路改造设计软件、锯齿形街沟设计软件、交叉口竖向设计软件、路立得三维道路设计软件等。

该软件由鸿业科技基于 AutoCAD 平台而开发，能够支持 AutoCAD 2000/2002/2007/2008/2009/2010/2011/2012 等多个版本，紧密结合《城市道路工程设计规范》(CJJ37—

2012)、《城市道路交叉口设计规范》(CJJ152—2010)等道路专业新规范，可实现道路平纵横设计、交叉口设计、地形图处理、场地土方计算等功能，同时提供了大量的设计计算与出图工具，提供设计过程中的实时规范检查，可辅助快速完成施工图设计以及工程量自动统计出表等工作，支持平纵横修改的数据智能联动，极大地提高了设计效率。

1.3 特色功能

1.3.1 工程管理

该软件引入了“工程管理”的概念，工程管理工具可统一组织和管理各类工程设计数据，包括工程图形文件以及设计数据文件，通过拷贝，这些数据可以方便地实现不同机器之间的工程数据共享，工程管理提供了一系列的辅助管理工具，如图 1-1 所示。

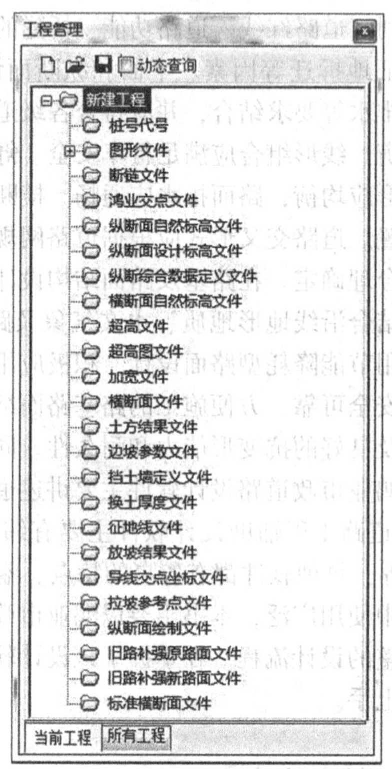

图 1-1 工程管理

1.3.2 紧密结合规范

该软件快速响应国家新规范，提供设计实时规范检查，涉及的标准及规范包括《道路工程术语标准》(GBJ124—88)、《道路工程制图标准》(GB50162—92)、《城市道路交通规划设计规范》(GB50220—95)、《城市道路工程设计规范》(CJJ37—2012)、《城市道路照明设计标准》(CJJ 45—2006)、《公路路基设计规范》(JTG D30—2004)、《公路路线设计规范》(JTG D20—2006)。

1.3.3 线形设计

该软件提供了多种的平面线形设计方法，包括导线法、曲线法、接线法、积木法设计，支持基本型、同向复曲线，以及 S 形曲线、C 形曲线、回头曲线等各种复杂曲线线型。提供动态拖动、参数输入、切线控制、外距控制等灵活多样的设计方式。智能线形识别、平面数据导入导出等开放式的线形识别工具，可方便地兼容非鸿业标准缓和曲线线形，设计过程中提供设计数据实时规范检查，可满足各级道路的线形设计要求。如图 1-2 所示。

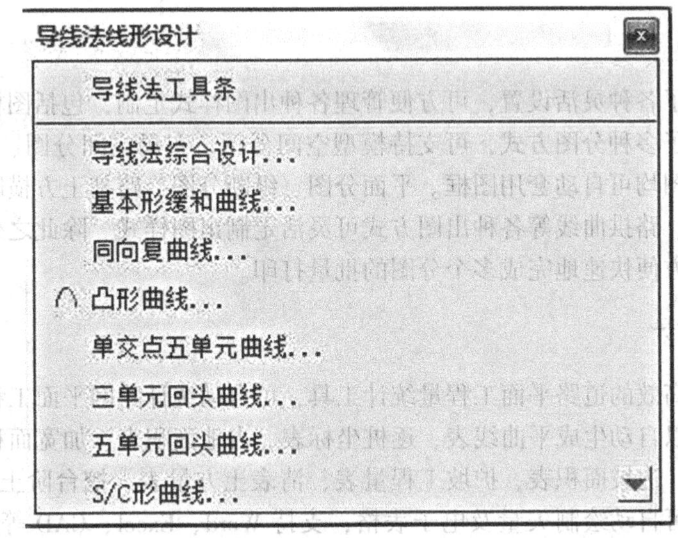

图 1-2　导线法线形设计

1.3.4 平面设计

支持各种标准及自定义板块形式道路的平面自动生成；支持交叉口和弯道自动处理；支持超高加宽自动计算和绘制；为路口渠化、右转车道、绿化带处理、道路出入口、公交车港、桥涵等辅助设施的绘制提供高效智能的编辑工具；路网线转路能自动处理路网交叉及路口渠化；提供设计过程中的智能规范检查和提醒；支持超高加宽设计；平面中的修改可智能联动到路基土方横断面，提高设计效率；多种标注工具可辅助快速完成各种道路平面标注。

1.3.5 纵断设计

提供多种接口提取中桩自然高程，实现了多控制点动态可视化断面拉坡技术，可支持控制点控制方式的动态设计以及设计过程中的实时规范检查、支持多方案拉坡，方便方案比较。提供纵断技术指标以及纵断规范检查、视距验算等工具。纵断表头设置灵活方便，纵断面绘制中可以处理桥涵等沿线构造物，可根据设定自动分幅绘制，自由设置绘制分段和数据桩号列表，支持大高差的标尺自动切换。

1.3.6 横断设计

自动从数字地形图上提取各桩号点横断面自然高程；识别多种格式的横断面自然标高文件；自动提取平面图中各特征桩横断参数，全面支持变宽板块道路；自动计算超高加宽断面变化，模糊智能自动边坡设计方式，灵活定义，多级别放坡、挡墙、边沟等各种组件数据，支持挖台阶和定沟底高程的设计方式，提供“戴帽”(为设计横断面、确定填挖高度、路基宽度、超高加宽值、绘制挡土墙、护坡等沿线构造物画出设计线)后的逐桩断面预览和快速修改，修改后的断面可智能反馈到统计表格中；可根据横断“戴帽”结果自动绘制征地线及示坡线。

1.3.7 软件出图

该软件提供了各种灵活设置，可方便管理各种出图样式定制，包括图框的样式定制。

该软件提供了多种分图方式，可支持模型空间分图、布局空间分图、平纵统一分图。平纵横各部分分图均可自动套用图框。平面分图、纵断分图、路基土方横断面、标准横断面、路面结构图、路拱曲线等各种出图方式可灵活定制出图样式。除此之外，软件提供的批量打印功能可方便快速地完成多个分图的批量打印。

1.3.8 工程量统计

该软件提供高效的道路平面工程量统计工具，可自动统计路网平面工程量。纵横断面设计完成后，可以自动生成平曲线表、逐桩坐标表、占地面积表、加宽面积表、土方计算表、路基设计表、边坡面积表、护坡工程量表、清表土方量表、挖台阶土方量表等表格。表格形式多样，可自动绘制矢量及电子表格，支持 Word、Excel、CAD 等多种表格样式，CAD 表格生成时可自动套用图框。支持平纵横数据修改和表类之间的智能联动。

1.3.9 交叉口竖向设计

交叉口设计采用等分法。根据相交道路中心线上控制点设计标高，虚拟出交叉口曲面并生成等高线，自动计算各个角点标高，设计结果可生成三维视图，进行空间分析。自动处理正交、斜交、错位、丁字及多条道路相交等各类刚性、柔性交叉口。自动划分板块、绘制等高线、计算板块角点高程，自动生成交叉口竖向三维视图。支持和纵断道路设计成果紧密结合，支持查看交叉口在竖曲线之内的情况，支持导流岛或绿化带单独设计高程的设计方式。

1.3.10 数字地模

提供多种数字地模定义工具，可识别各种电子地形图，处理包括离散点、等高线、陡坎等在内的地形信息，可添加地形内、外边界。对定义好的地形，可查看三角网，绘制其他地形断面。软件采用高效准确的数字高程模型算法，从而保证了纵横断面设计时自动提取地形标高的准确性。

1.3.11　地形和场地土方

具有丰富多样的电子地形图识别工具，提供了等高线、离散点多种定义方法，可识别多种定位方式的文字离散点，可定义地形陡坎，定义后的地形可方便地形成三角网和地形断面，查看三维地形效果。

软件提供了网格法土方计算、快速生成土方统计表、支持分区统计等功能，可便于设计人员复核计算结果。此外，软件还提供了智能土方优化，在保证场地土方填挖平衡的基础上，辅助完成场地设计。

1.3.12　三维街景

软件内置多种三维图块，可方便调用，绿化带路面可自动填充，简单处理后可使用 CAD 的功能快速生成三维效果图。

1.3.13　工具

软件除了提供分类编辑、面积计算、文字处理等多种实用高效的编辑工具，还包含许多种专业图库，以及简单的标志标线模块，以辅助提高道路设计绘图效率。

1.3.14　自然地形的处理

软件可直接对矢量化后的地形图进行自动处理，自动优化、计算场地土方。

1.4　软件安装

1.4.1　软件使用环境

鸿业市政道路设计软件完全基于 AutoCAD2004/2005/2006/2007/2008/2009/2010/2011/2012 版，适用于可运行 Windows 2000 以上操作系统、AutoCAD 2004 以上版本的各种计算机。

在单独的计算机上安装 HY-SZDL 之前，请确保计算机满足最低系统要求。

1.4.2　软件构成

软件分为试用版和正式版两个版本，试用版和正式版为同一个安装包。

软件一套包括：程序光盘 1 张，加密锁 1 个，说明书一本。

1.4.3　软件包安装

软件为光盘安装，光驱可用本机光驱，如有网络，也可共享网上光驱。

进入 Windows 操作系统，将“鸿业市政道路系列产品 9.1”安装光盘放入光驱，自动弹出安装选项界面。

(1)选择“HY-SZDL 安装”，则出现欢迎画面，如图 1-3 所示。

图 1-3　软件安装界面 1

(2)点击 下一步(N) > 按钮，出现“最终用户许可协议”窗口，如图 1-4 所示。

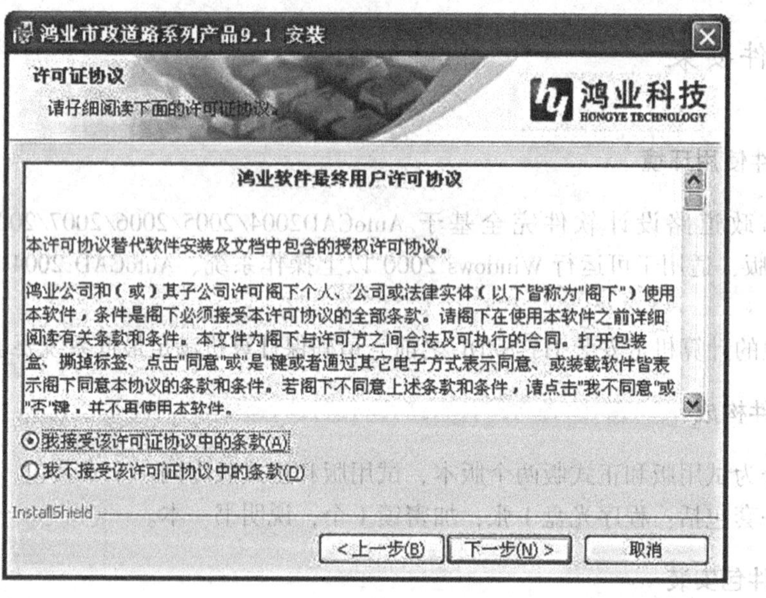

图 1-4　软件安装界面 2

(3) 请仔细阅读许可协议，如无异议，请选中 我接受该许可证协议中的条款(A) 并点击 下一步(N) > 按钮，出现“用户信息”窗口，输入用户名及所在单位名称，并选择鸿业的使用者，如图 1-5 所示。

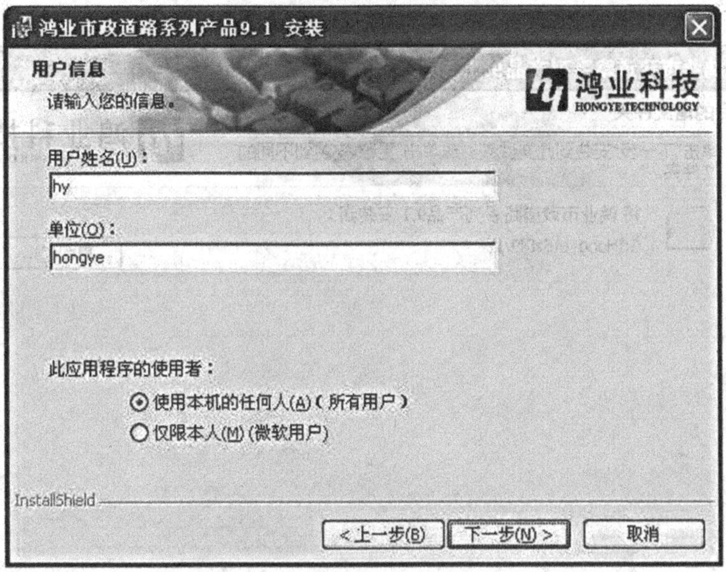

图 1-5　软件安装界面 3

(4)点击[下一步(N)>]按钮，出现“选择需要安装的产品内容”窗口，该安装程序共有三个软件：市政道路设计(HY-SZDL)、互通式立交设计(HY-IDS)和旧路改造设计(HY-ORRDS)。默认全部安装，在这里，我们只选择安装“市政道路设计(HY-SZDL)”，如图1-6所示。如果想要了解互通式立交设计(HY-IDS)和旧路改造设计(HY-ORRDS)的使用方法，请分别参考其使用手册。

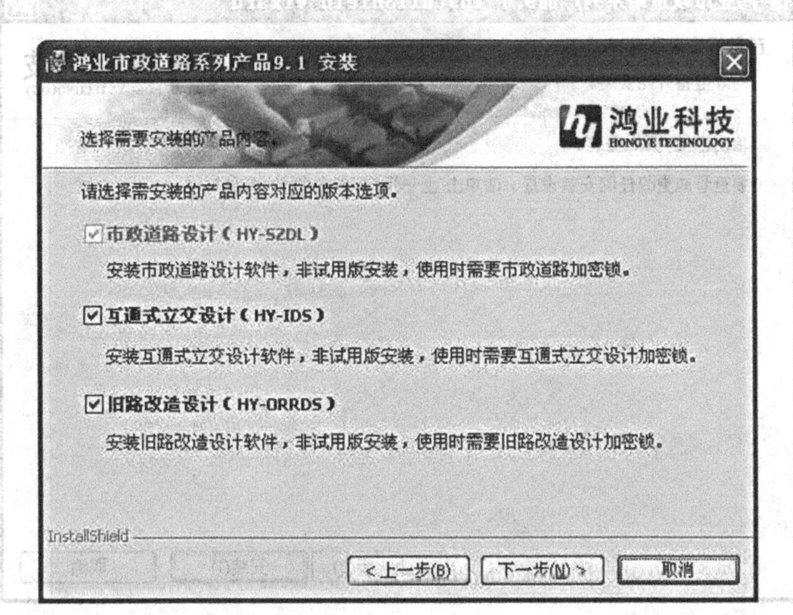

图 1-6　软件安装界面 4

(5)点击[下一步(N)>]按钮，出现软件安装路径窗口，如图1-7所示。

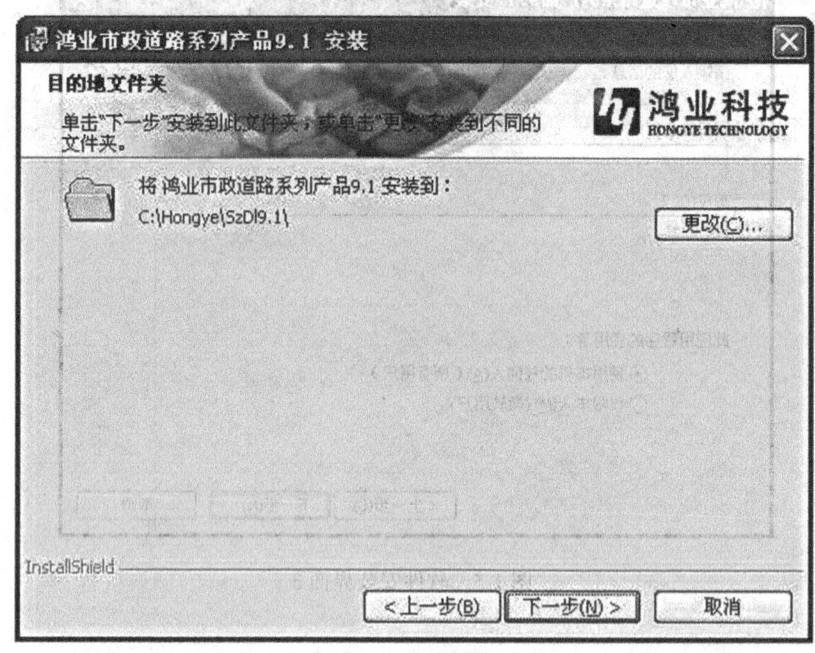

图1-7 软件安装界面5

(6)点击[下一步(N)>]按钮，则出现安装确认对话框，如图1-8所示。

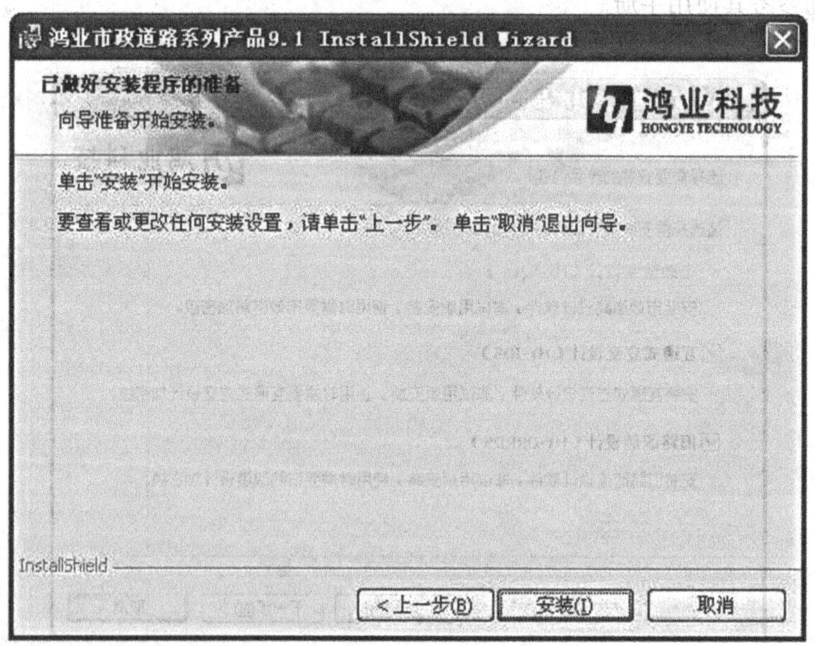

图1-8 软件安装界面6

(7)点击 下一步(N) > 按钮，则软件自动开始安装，动态进度指示。安装完毕，软件将自动在桌面上创建快捷方式。

1.4.4　软件启动配置

成功安装“鸿业市政道路设计 9.1”软件后，首次启动软件时，会自动进入“软件启动配置”对话框，或者点击“开始菜单→所有程序→鸿业市政道路→软件启动配置”，进入“软件启动配置”对话框，如图 1-9 所示。

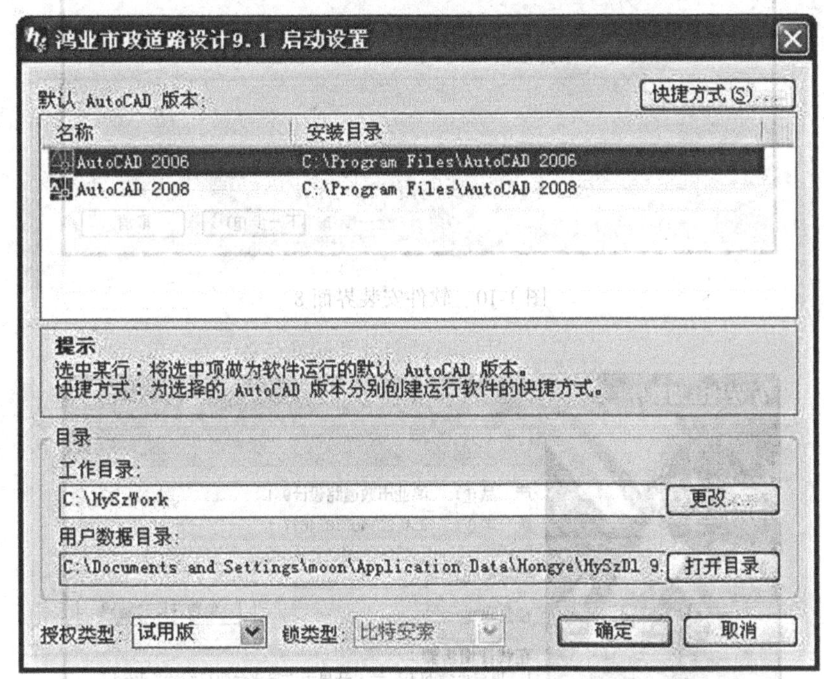

图 1-9　软件安装界面 7

在“软件启动配置”对话框，可以选择 AutoCAD 版本，设置“工作目录”，查看“用户数据目录”，更换“授权类型”与“锁类型”。

1.4.5　试用鸿业市政道路设计软件

该软件试用版采用申请号/注册码方式，试用版软件的功能与正式版完全相同，仅限制了使用时间。

首次运行软件后，如果安装时选择的是试用版，则可以使用 30 天，到期后，将会出现“选择注册方式”对话框，如图 1-10 所示。

(1)在“选择注册方式”中，可以选择“在线注册”或“离线注册”。

(2)选择“在线注册”方式，点击“下一步”，出现“在线注册软件”对话框，如图 1-11 所示。在“在线注册软件”对话框中，填入正确的手机号，并点击“免费获取校验码”按钮。填入手机收到的校验码后，点击“注册”，即完成注册。

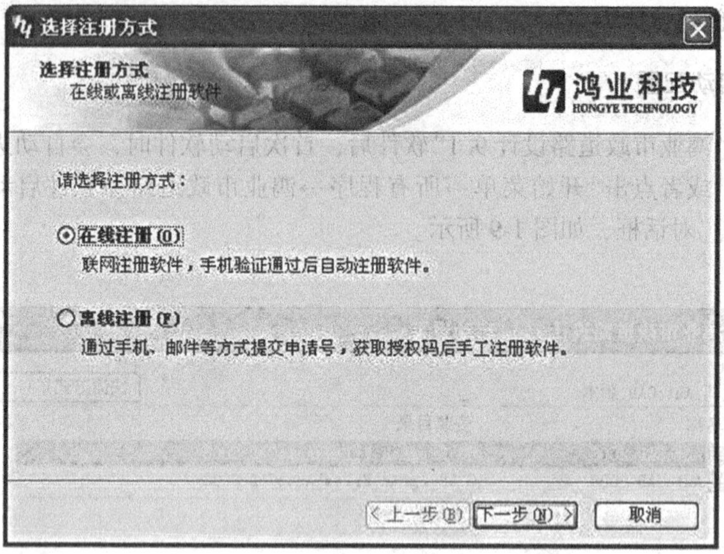

图 1-10　软件安装界面 8

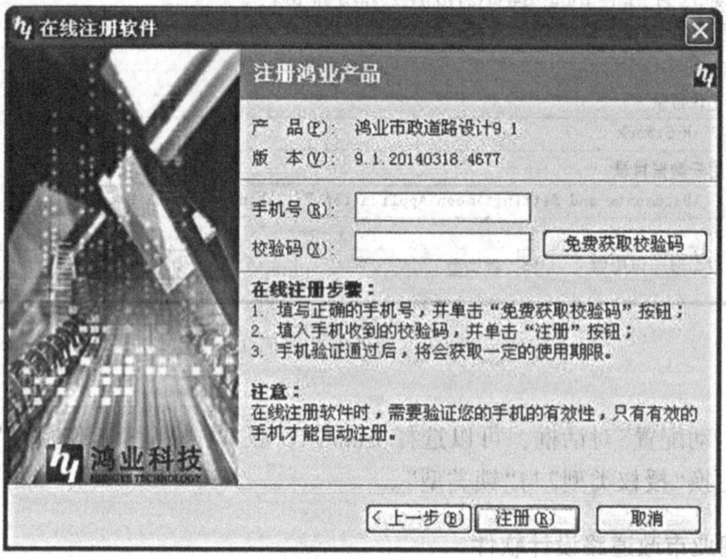

图 1-11　软件安装界面 9

(3)选择“离线注册”方式，点击“下一步”，出现“离线注册软件”对话框，如图 1-12 所示。在“离线注册软件”对话框中，复制申请号到剪贴板中，再粘贴所获得的注册码到对话框中。点击“注册”按钮，注册试用版软件。

注意：申请号为一机一号，每台计算机均不相同。

为方便用户及集中快速处理试用申请，可前往下列网址来申请试用：http：// www. hongye. com. cn/Applications/index. asp。

离线注册软件
注册鸿业产品
产　品(P)：鸿业市政道路设计9.1
版　本(V)：9.1.20140318.4677
申请号(R)：QJ6G-3VU9-HAZF
授权码(L)：
您可以使用以下几种方式来申请授权我们的软件：
1. 在鸿业网站 软件授权申请 提交申请；
2. 直接电话与我们联系以获取授权码，电话：400-6591-600。
鸿业科技
<上一步(B)　注册(R)　取消

图 1-12　软件安装界面 10

1.4.6　加密锁的安装及设置

1. 圣天诺 HASP 锁授权说明

1)硬授权(加密锁)

硬授权只需要正确安装加密锁驱动即可。在命令行输入"haspdinst. exe -i"。例如，把 haspdinst. exe 文件放到 C：目录下，点击："开始→运行"，输入"haspdinst. exe -i"，安装自动运行。

2)软授权注册

(1)生成用户信息文件。运行 RUS_KCIIX. exe，在第一个界面中选择"Installation of new protection key"，如图 1-13 所示，然后点下面的"Collect Information"按钮，把生成的文件(后缀 c2v)邮件或 QQ 发送给鸿业软件开发公司。

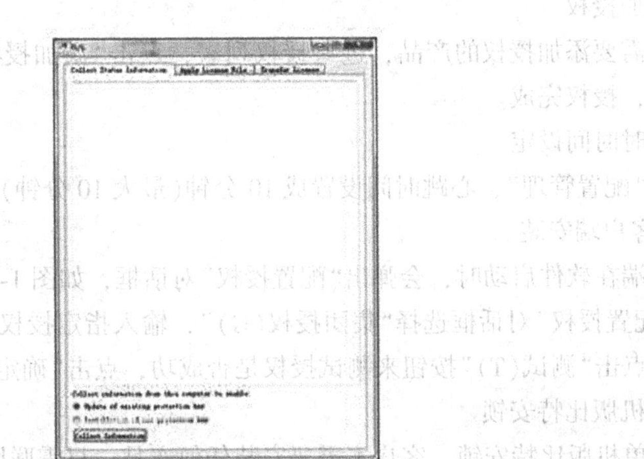

图 1-13　软件授权

(2)应用授权文件。收到授权文件后，运行 RUS_KCIIX. exe。进入“Apply License File”选项卡，如图 1-14 所示，单击⋯按钮，选中授权文件，然后单击“Apply Update”按钮，授权更新成功。

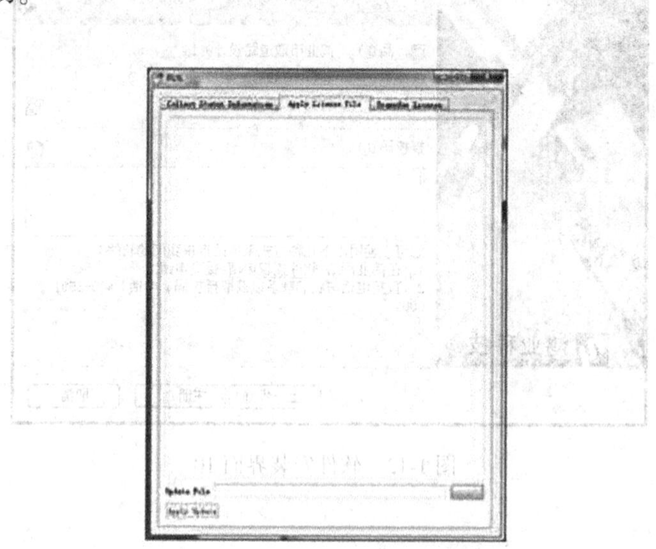

图 1-14 授权成功

2. 比特安锁授权说明

1)网络版比特安锁

(1)服务器端安装。

①安装。安装时把服务器管理安装和相应的产品定义文件放在同一目录下，运行bit_service. exe。

②导入产品定义。安装完，点击：“开始菜单→集团授权服务→集团授权管理中心”，打开管理中心。点击产品列表，可以看到已经导入的产品定义。点击“添加产品支持模块”，选对应的 exe 文件，并添加。

③添加授权

点击需要添加授权的产品，进入授权列表，点击“添加授权码”，选择联网方式，输入授权码，授权完成。

④超时时间设定

点击“配置管理”，心跳时间设置成 10 分钟(最大 10 分钟)。

(2)客户端安装。

客户端在软件启动时，会弹出“配置授权”对话框，如图 1-15 所示。

在“配置授权”对话框选择“集团授权(G)”，输入指定授权服务器的主机名或者 IP 地址，可以点击“测试(T)”按钮来测试授权是否成功，点击“确定”即可。

2)单机版比特安锁

使用单机版比特安锁，客户不需要安装任何产品，只需联网就可以了。

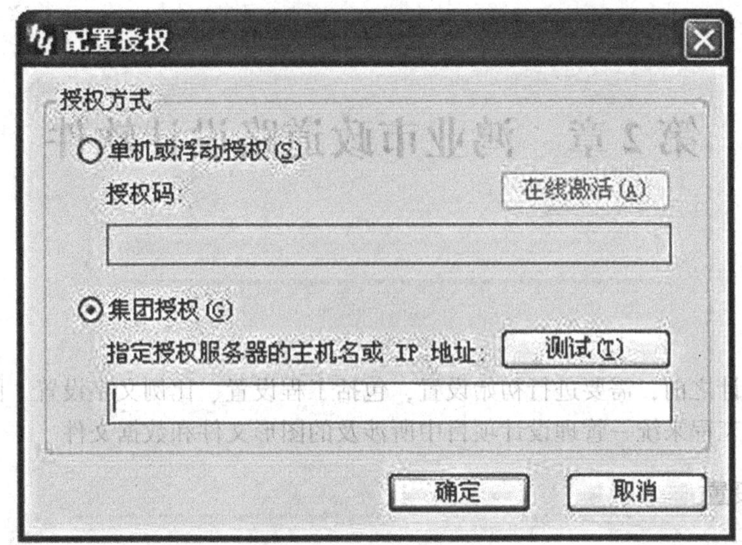

图 1-15　配置授权 1

客户在启动软件时，会弹出“配置授权”对话框，如图 1-16 所示。

在“配置授权”对话框选择“单机或浮动授权(S)”，填写正确的授权码，点击“在线激活(A)”按钮即可。

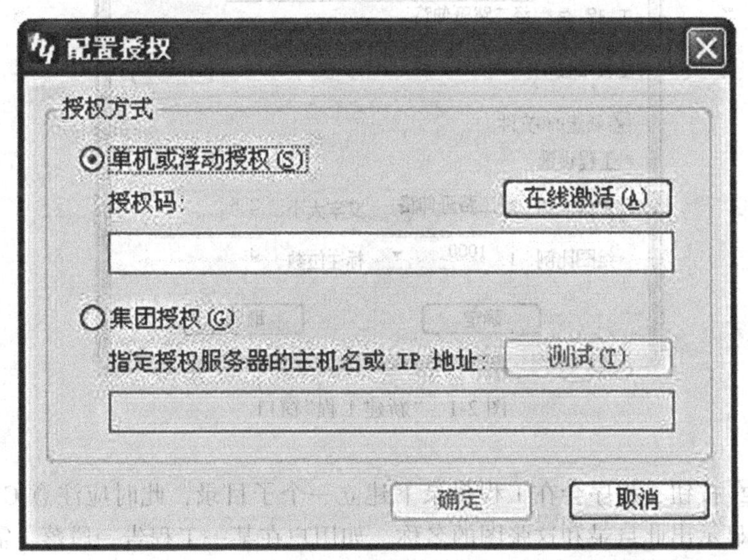

图 1-16　配置授权 2

第2章 鸿业市政道路设计软件

2.1 设置

在工程设计之前，需要进行初始设置，包括工程设置、比例文字设置、图框的设置及绘制等，通过工程来统一管理设计项目中所涉及的图形文件和数据文件。

2.1.1 工程设置

1. 新建工程和打开工程

“新建工程”用于建立一个新的工程。单击设置→新建工程，弹出“新建工程”窗口，先单击[浏览...]按钮确定工程路径，再在“工程名”中输入适合的工程名(可输入中文名)。如图2-1所示。

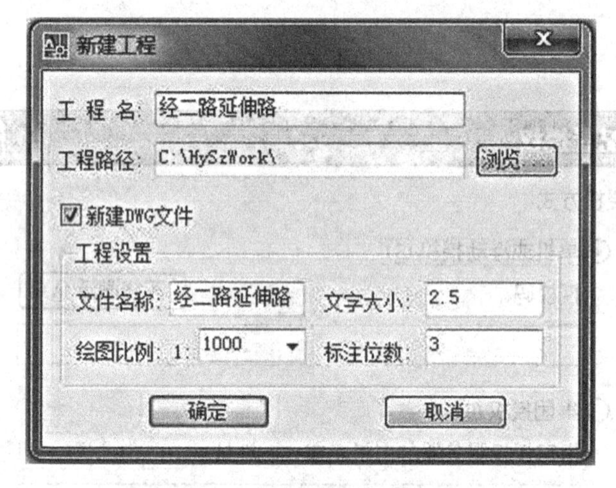

图2-1 “新建工程”窗口

单击[确定]按钮，程序会在工程目录下建立一个子目录，此时应注意CAD窗口最上边的标题行会显示出此目录和这张图的名称。如用户在某一工程告一段落，需转到另一已有工程时，可单击“设置”，选择“打开工程”，弹出“打开工程”窗口，打开已保存的工程，如图2-2所示。

选中要打开的工程文件，再单击[打开(O)]按钮，软件会自动将图纸打开，并将数据文件与图纸关联；或通过点取左侧工程管理面板中所有工程中工程名，再点击鼠标右键打开

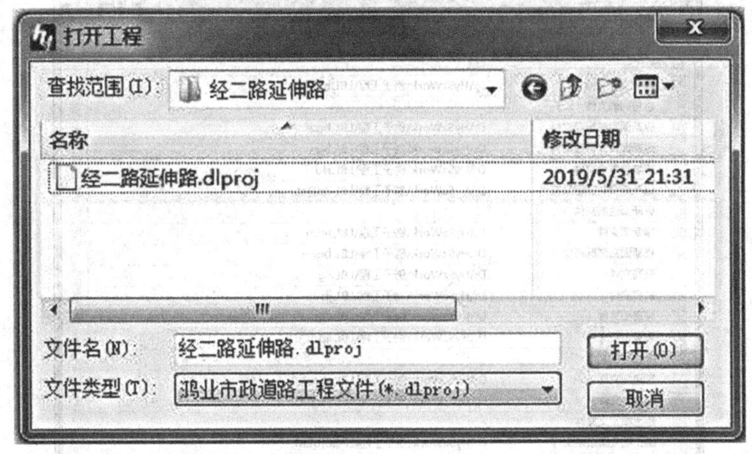

图 2-2　“打开工程”窗口

工程，弹出“打开工程”窗口。

2. 工程管理

工程管理工具可统一组织和管理各类工程设计数据，包括工程图形文件以及设计数据文件，这些数据可以通过拷贝，方便地实现不同机器之间的工程数据共享。工程管理提供了一系列的辅助管理工具。

“工程”的概念是 CAD 所没有的，为了适应专业软件需求而特别建立的一个概念。专业软件涉及大量的计算及自动处理。这就必然会产生一些中间数据文件和计算结果文件，比如道路设计时产生的一系列高程数据文件、线形数据文件等。为了方便编辑、查看、管理这些文件，我们提出了“工程”的概念，并提供了工程管理的功能。在工程管理界面中，可以很方便地建立、打开、查看工程文件。

工程管理命令用来显示和关闭工程管理浮动窗口。这是一个开关命令，运行一次显示工程管理浮动窗口，再运行一次关闭工程管理浮动窗口。

工程管理浮动窗口如图 2-3 所示。

在这个窗口中，双击显示的文件，即可直接在相应的编辑器中打开该文件。✔图标是主桩号的主数据文件标识。

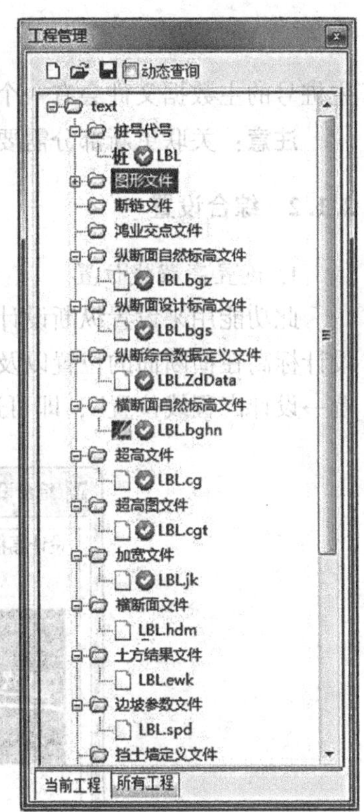

图 2-3　“工程管理”窗口

3. 设置当前数据文件

设置每条路线对应的默认数据文件，并将设置的主数据文件添加到工程中。弹出“设置当前数据文件”对话框，如图 2-4 所示。

设置完当前数据后，纵断面绘制、横断面绘制部分会使用此项设置的主数据文件作为前提数据文件或者结果文件。每条桩号线都对应一组主数据文件，左侧工程管理面板上，

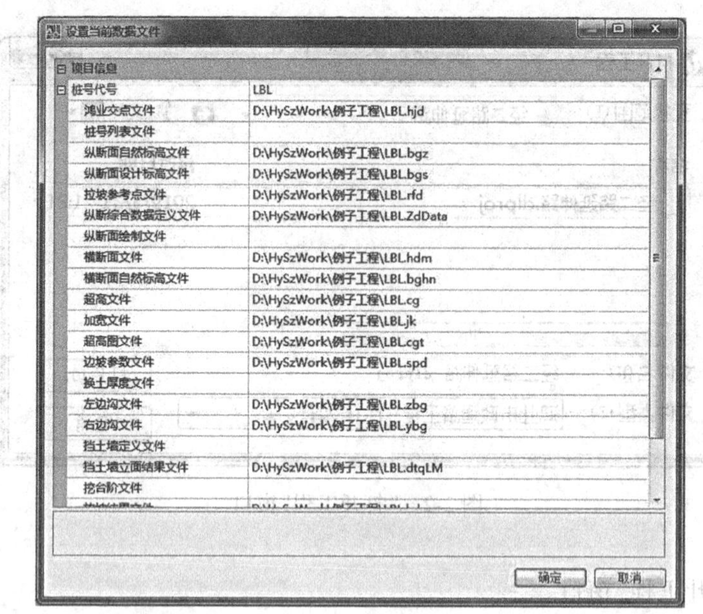

图 2-4　设置当前数据

主桩号的主数据文件会有一个图标作为标识。

注意：关联更新部分需要使用主数据文件进行更新。

2.1.2　综合设置

1. 设置高程线位置

此功能用来设置纵断设计高程在道路平面所处的实际位置。设计高程线位置主要决定设计标高在横断面的位置以及超过加宽计算时超高旋转轴的位置。单击："设置→综合设置→设计高程线位置"，即可进行相关设置，如图 2-5 所示。

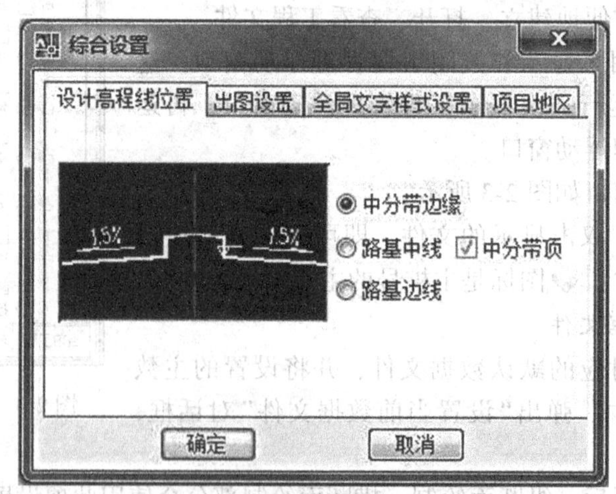

图 2-5　设计高程线位置

图 2-6 中显示了不同设置形式对应的高程位置。

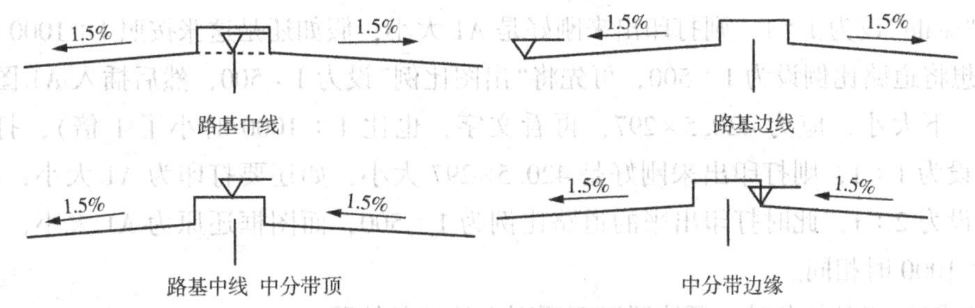

图 2-6　不同设置形式高程位置

2. 出图设置

系统提供了各种灵活设置，可方便管理各种出图样式定制，以及包括图框的样式定制。提供了多种分图方式，可支持模型空间分图、布局空间分图、平纵统一分图。平、纵、横各部分分图均可自动套用图框。平面分图、纵断分图、路基土方横断面、标准横断面、路面结构图、路拱曲线等各种出图可灵活定制出图样式。除此之外，软件提供的批量打印功能可方便快速地完成多个分图的批量打印。

出图设置包含出图比例、文字大小、标注位数、角度格式四部分，如图 2-7 所示。

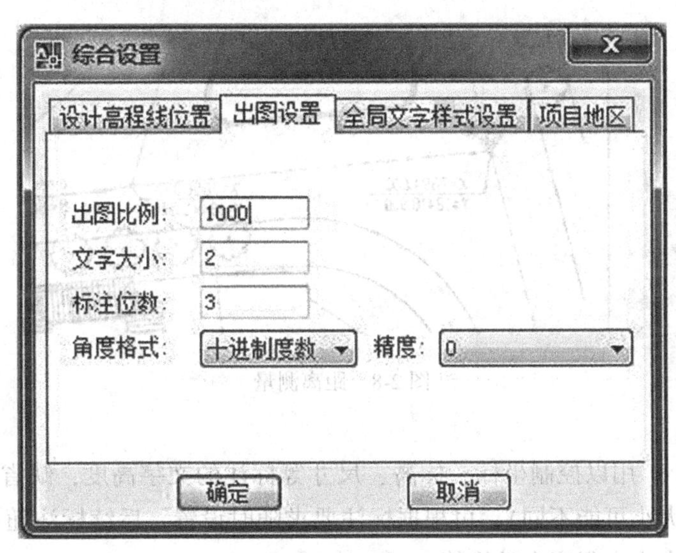

图 2-7　出图设置

(1)出图比例。“出图比例”用于控制图形中文字、图块、图框的大小和线宽等。而实际绘图时均以米为单位(即 1 : 1000)，与“出图比例”无关，而与打印命令时设定的比例因子有关。打印命令默认情况是要输入 1 毫米等于多少个单位，单位的求法使用设置的出图比例。单击：设置→综合设置→出图设置，即可进行相关设置，出图时在“plot”绘图命令窗口中再点“scale”，设定“缩放比例”。

缩放比例=1000/出图比例。出图比例设好后，会在屏幕状态行自动显示。例如，按照1∶1000绘好图纸，“出图比例”设为1∶1000，然后插入A1图框(其大小为841×594)，打印时“scale”设为1∶1，则打印出来刚好是A1大小；假如还是这张按照1∶1000绘好的图纸，想将道路比例设为1∶500，可先将“出图比例”设为1∶500，然后插入A1图框(这时可量一下大小，应为420.5×297，再看文字，也比1∶1000时小了1倍)，打印时，“scale”设为1∶1，则打印出来刚好是420.5×297大小，如还要打印为A1大小，则应将“scale”设为2∶1，此时打印出来的道路比例为1∶500，而图框还原为A1大小，文字同样和1∶1000时相同。

条件图的情况复杂时，可按照以下原则来处理条件图：

①如果条件图是dwg文件，则直接用open命令打开；如果条件图是图像文件，则用image命令把它插入到图形中；

②找出其中已知距离的两个点，假定图面上表示的距离为L1(m)；

③用AutoCAD中的distance命令测量这两点间的距离，假使为L2；

④再用scale命令，选择条件图所有的内容，以条件图中心位置为基准点，输入放缩比例为L1/L2。

如图2-8中，点pt1与pt2之间的距离为47m，用distance测量出实际长度为94m，则放大系数为47/94=0.5。

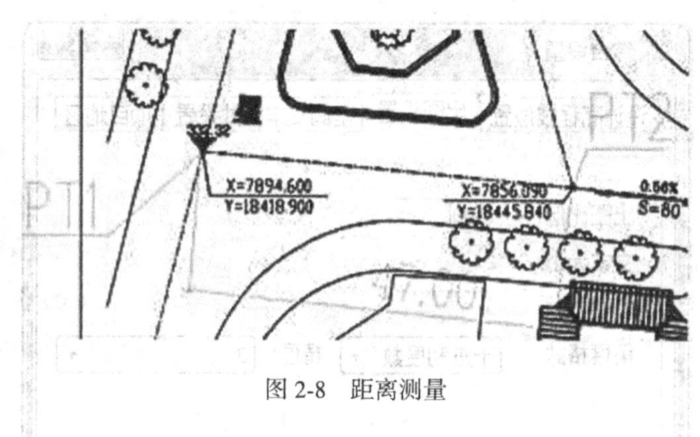

图2-8　距离测量

(2)文字大小。用以控制坐标、标高、尺寸等标注的文字高度，缺省值为3mm(标注内容不同，缺省大小可能不同)，可根据标注要求随时设置，后续标注随最新设置。不同出图比例的文字大小由程序自动换算。

(3)标注位数。用以控制坐标、竖向标高、尺寸等标注精确至小数点后面的位数，可根据具体标注要求修改。设置仅影响后续操作。

(4)角度格式。控制角度标注显示的格式，十进制度数显示效果如43.21°，度、分、秒显示效果为43°12′36″。精度选项控制标注时的精度。

(5)横断面出图示例。单击：“横断→横断面出图设置”，弹出“横断面出图设置”窗口，如图2-9所示。

图 2-9 横断面出图

3. 全局文字样式设置

设置出图时采用的文字字体以及系统当前文字样式，单击：“设置→综合设置→全局文字样式设置”，即可进行相关设置，如图 2-10 所示。

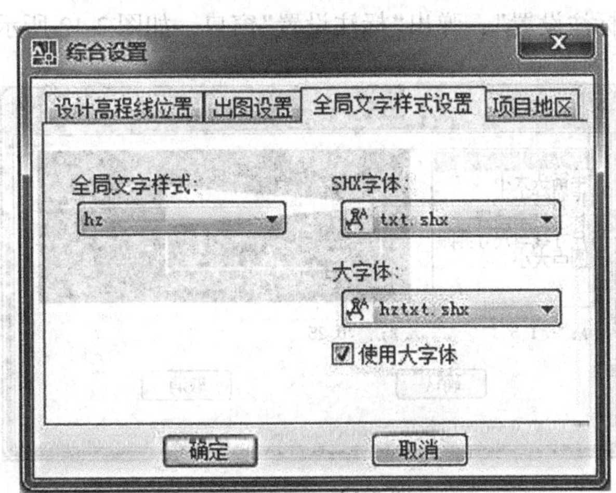

图 2-10 全局文字样式设置

gpshz 中列出了当前图形中所有的文字样式，默认为当前文字样式。点取“确认”按钮后，将选中文字样式设置为系统当前文字样式，同时将软件内置的文字样式（“HyStandard”“DimTextStyle”“gpshz”“szsjbg”“HYSZTEXT”“gpsxw”“hz”“DimTextStyle”）设为指定的字体。

4. 项目地区

设置项目所在的地区信息，主要用于后期规范检查时。单击：“设置→综合设置→项目地区”，即可进行相关设置，如图 2-11 所示。

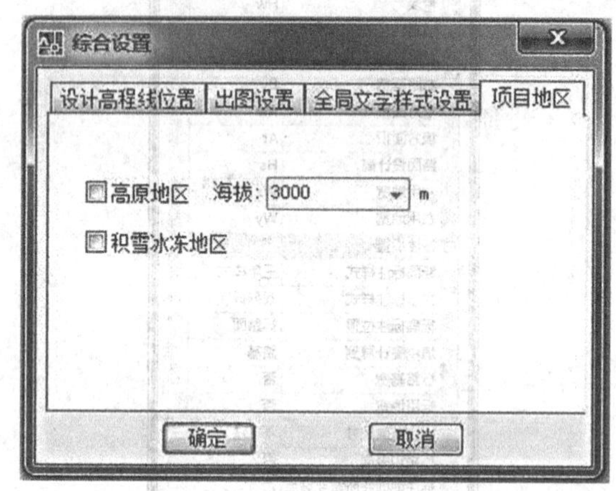

图 2-11　项目地区信息

☑高原地区　海拔: 3000 m：该设置影响最大纵坡的取值，如果海拔高度超过 3000m，各级公路的最大纵坡将进行折减。

☑积雪冰冻地区：该设置影响最大纵坡和圆曲线半径的取值。

2.1.3　标注设置

1. 常用的标注形式

单击：“设置→标注设置”，弹出“标注设置”窗口，如图 2-12 所示。

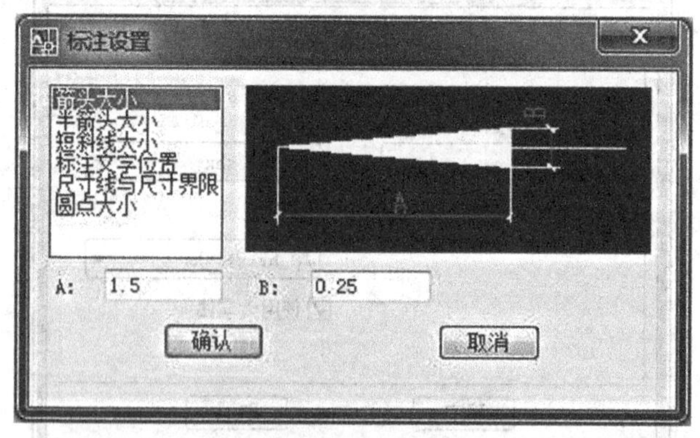

图 2-12　标注设置

点选各项目，根据右边的幻灯，直接输入参数值，点击“确定”即可。

2. 平曲线参数标注(old)

由于 HY-SZDL 版本不同、操作方式不同，9.1 版本软件保留了旧的平曲线参数标注，而新的平曲线参数标注则更体现智能化。

单击：“线形→平曲线参数标注”，程序自动标出各处曲线参数值。包括自动标注和选取标注两种方式：

自动标注：选择曲线段，程序自动标注所有选中的平曲线的参数；

选取标注：选择曲线段，指定标注点标注所选的道弧的平曲线参数。

标注形式如图 2-13 所示。

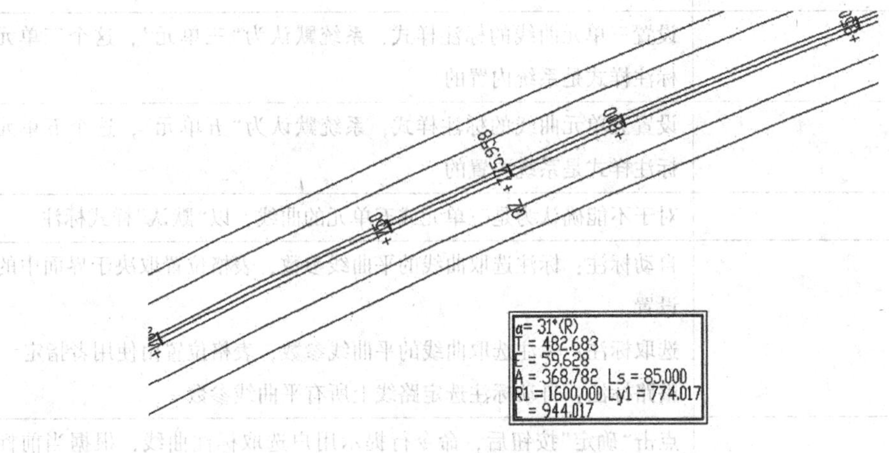

图 2-13　平曲线标注形式

3. 平曲线参数标注(new)

点击“平曲线参数标注”，弹出“平曲线参数标注”对话框，如图 2-14 所示。其中的数据操作说明见表 2-1。

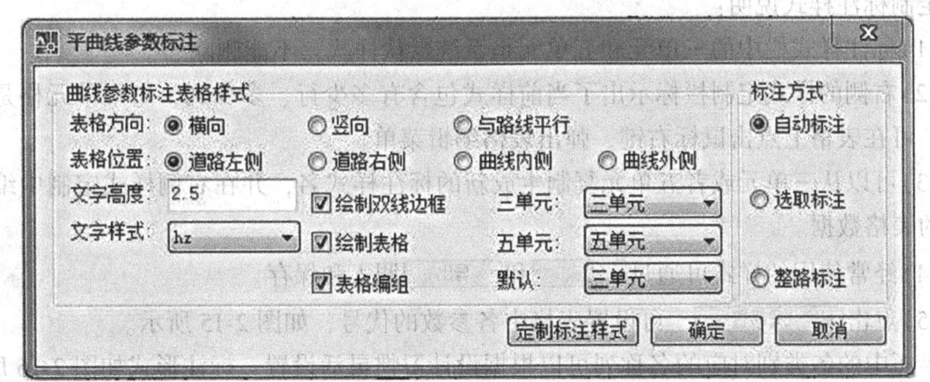

图 2-14　平曲线参数标注

表 2-1 **数据操作说明**

数据	说　明
表格方向	平曲线参数表格的方向设置项
表格位置	设置平曲线参数标注相对于路线的标注位置
表格的文字设置	包括高度、文字样式等
绘制双线边框	控制表格的外边框是否采用双线，可根据各单位图面要求设置
绘制表格	控制是否绘制表格线
表格编组	控制是否将表格编程 CAD 的组，编组可利于标注表格的整体编辑。一般情况下建议此项选中
三单元	设置三单元曲线的标注样式，系统默认为"三单元"，这个三单元标注样式是系统内置的
五单元	设置五单元曲线的标注样式，系统默认为"五单元"，这个五单元标注样式是系统内置的
默认	对于不能确认为是三单元或五单元的曲线，以"默认"样式标注
标注方式	自动标注：标注选取曲线的平曲线参数，表格位置取决于界面中的设置 选取标注：标注选取曲线的平曲线参数，表格位置由使用者指定 整路标注：自动标注选定路线上所有平曲线参数
确定	点击"确定"按钮后，命令行提示用户选取标注曲线，根据当前标注设置和标注方式提示选取需要标注的路线位置
定制标注样式	可定制平曲线标注样式，并可保存个人常用的标注样式

注：为方便用户多次标注，该对话框中，点击"确定"按钮不会自动关闭对话框，只有点击"取消"按钮才会关闭对话框。

定制标注样式说明：

(1)标注样式栏中的三单元和五单元是系统默认样式，不能删除。

(2)右侧的样式定制栏标示出了当前样式包含有多少行、多少列，每个单元格是什么数据，可在表格上点击鼠标右键，弹出表格编辑菜单。

(3)可以从三单元或者五单元复制生成新的标注样式名，并在右侧样式定制中编辑新样式的表格数据。

(4)经常使用的样式可通过 导入 和 导出 调入和保存。

(5)点击 标注代号设置... ，可设置表格中各参数的代号，如图 2-15 所示。

界面中的各类别对应的名称列可以根据设计习惯灵活设置。标注形式如图 2-16 所示。

界面中的各类别对应的名称列可以根据设计习惯灵活设置。

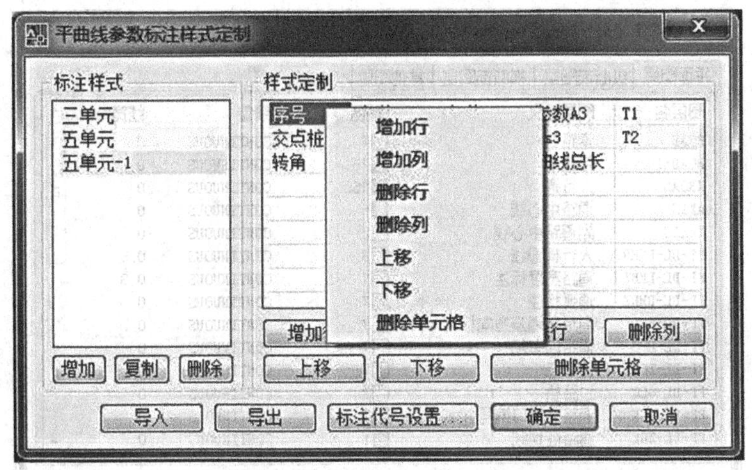

图 2-15 平曲线参数标注样式定制

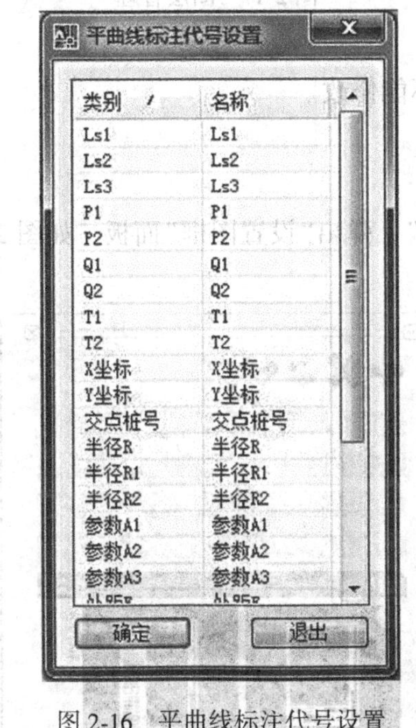

图 2-16 平曲线标注代号设置

2.1.4 图层设置

单击："设置→图层设置"，弹出"图层管理"窗口，如图 2-17 所示。

HY-SZDL 软件用到的各种属性的线条分别放在不同的图层上，各图层的属性都在此处设置，可以直接单击修改某层的颜色、线型、线宽。但对线宽的修改不会马上生效，需要结合后面的命令"工具→图面操作→出施工图"。

图 2-17 图层管理

注意：图层名称、含义不能修改。

2.1.5 设置图框

单击："设置→设置图框"，弹出"设置图框"面板，如图 2-18 所示。

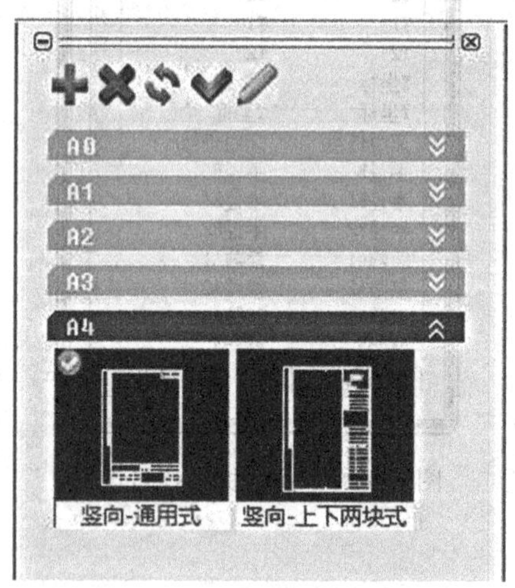

图 2-18 设置图框

1. 图纸面板

图纸面板分为"A0""A1""A2""A3""A4"5 种类型，每种类型都可以添加任意多个自定义图框。当前采用(选中)的图框缩略图上会显示一个"√"标记。

2. 操作类型按钮

(1)添加图框样式➕，点击该按钮可添加图框样式。

图框有效绘图区域为分图时可以填入图形的部分，主要指除图签和图号区之外的绘图区域，指定时以矩形窗口方式定义。修改绘图区域后，软件会根据新的绘图区域更新模型空间和图纸空间中使用过该图框的分图。

总页数文字插入点、页码文字插入点、桩号范围文字插入点一般对应于分图时图框右上角图号区域的各个栏，可根据实际要求点取定位。修改页数文字插入点、页码文字插入点、桩号范围文字插入点后，软件会根据新的插入点更新模型空间和图纸空间中使用过该图框的分图。

图框名称是在图纸面板中唯一识别图框的名称。

添加图框完成后，会在当前所选的图纸类型下显示一个新图框，包括图框名和图框缩略图，如图 2-19 所示。

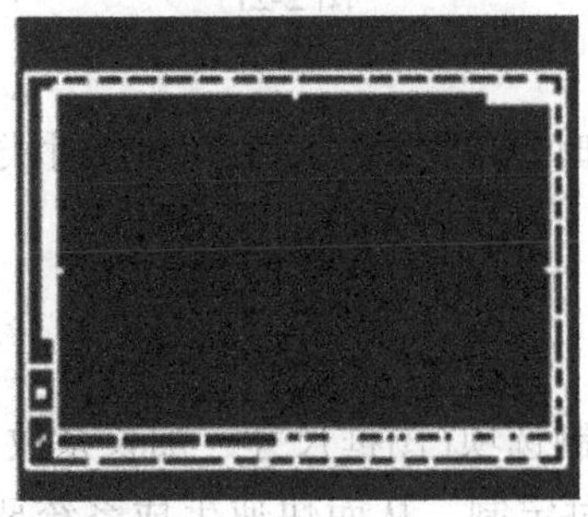

图 2-19 新图框

双击图框，触发图框绘制的操作。点击图框右下角修改项目名称，一套图框对应的信息都随之进行修改。

删除图框样式✖，点击该按钮可删除当前选中图框。

注意：只可删除用户自定义图框，删除系统图框将导致不可预知结果。

修改图框样式🔄，点击该按钮，可修改选中的图框，在按钮处弹出下拉菜单，如图 2-20 所示。

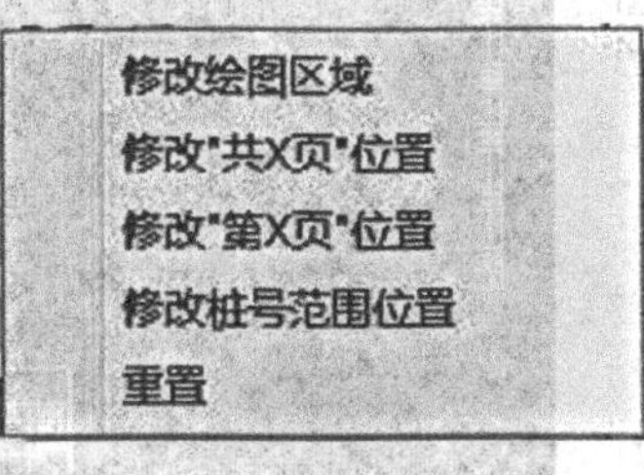

图 2-20

置为当前✔，点击该按钮，可将选中图框置为当前。

点击预览按钮，可在 CAD 绘图区预览图框。

将鼠标箭头移到想要选择的图框缩略图上，单击右键，可弹出图框编辑快捷菜单，如图 2-21 所示。

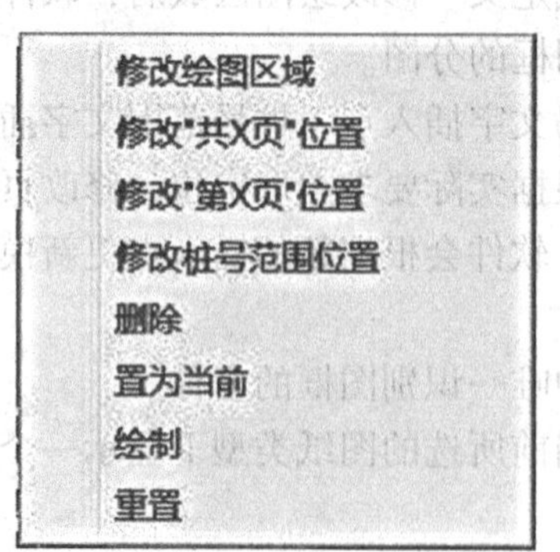

图 2-21

系统在绘制图框或者分图时，可根据选中的图框尺寸类型，自动套用该图框尺寸类型中置为当前的图框。

2.1.6 图框向导

软件提供几种常用图框定制选项(图框尺寸、加长系数、是否有对中线、是否有标尺线、图签样式和位置等)，通过定制，从而快速生成系统要求的图块式图框，供平、纵、横分图模块使用。

单击："设置→图框向导"，弹出"图框向导"对话框，如图 2-22 所示。可设置：图幅、图框尺寸、加长系数、是否有对中线、是否有标尺线、会签栏样式、会签栏位置、图签栏定制修改、会签栏定制修改。

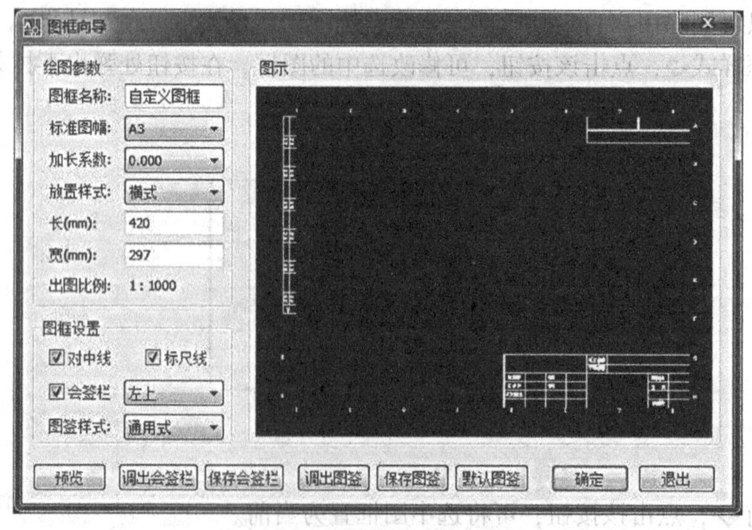

图 2-22 图框向导

操作如下：首先输入图框名称，选择图幅大小，图框放置样式、图框尺寸以及左下方的图框设置参数，若不需要定制图签和会签，即可点击调出图签→确定按钮，快速生成此样式的图框，系统会自动将此图框添加到图框设置面板中，并将此图框置为当前图框。

不同的图幅可以有不同的图签样式，修改图签和修改会签栏是指对当前图框的操作。

1. 修改图签

点击调出图签按钮，程序将会提示用户把软件系统内的图签放置到图面上，系统提供的图签大小和图纸上的实际尺寸是一致的。用户可在此基础上把它改为自己的图签。修改完成后，再调出图框向导界面，点击保存图签按钮，按提示选择图签即可。

2. 修改会签栏

修改会签栏过程与修改图签过程基本相同。修改任意参数，右方的图框面板会随之变化，显示出定制的图框缩略图。

说明：在右方的图框面板控件中，进行以下技巧操作，查看图框示图：①按下鼠标中键并拖动可移动视图；②滚动鼠标滚轮可缩放视图；③拖动鼠标左键可旋转视图；④右击鼠标可恢复原始视图。

2.1.7　简化命令

简化命令是用于查看软件的默认命令以及设置对应的自定义命令。单击："设置→简化命令"，屏幕出现"简化命令"对话框，如图 2-23 所示。

简化命令

菜单项	默认命令	自定义命令
设置		
新建工程...	szxjgc	
打开工程...	szdkgc	
工程管理	szgcgl	
设置当前数据文件	szdqwj	
—		
综合设置...	szdlzhsz	
标注设置...	szbzsz	
—		
图层设置...	szdltcsz	
设置图框...	BorderSetup	
图框向导...	BorderGuide	
—		
简化命令...	SimpleCmd	
配置管理...	SetManager	
—		
数据还原...	DataUndo	
—		
联动更新记录...	ShowRecord	
地形		
自然等高线		
自然等高线工...	dxzrdgx	
—		

确定　取消　帮助

图 2-23　简化命令

软件的菜单项和默认命令是不可以修改的。鼠标左键点击自定义命令列，可以输入自定义命令。定制结束后，点击“确定”，软件会将定制结果保存在 User \ UserCmd. lsp 文件中。自定义命令会对当前图形以及后续用道路软件打开的图形均有效。把已有的自定义命令清空，才能撤销命令，软件会把旧的命令注销掉。

注意：软件会搜索并检查所有当前已经注册过的命令，以防止命令重名对其他功能的影响。例如，如果手动在命令行使用(defun c：aa()())注册了“aa”命令，将不能使用简化命令功能再次定义命令“aa”。

2.1.8 配置管理

通过配置管理，可完成市政道路系统设置的导入和导出，能够使不同工程或多个计算机之间使用相同的配置，从而提高设计效率。软件中的配置按照作用范围可以分为两大类：一是在当前软件范围内均有效，称为软件设置；二是仅在当前工程内有效，称为工程设置。

单击：“设置→配置管理”，弹出“导入和导出设置”对话框，如图 2-24 所示。

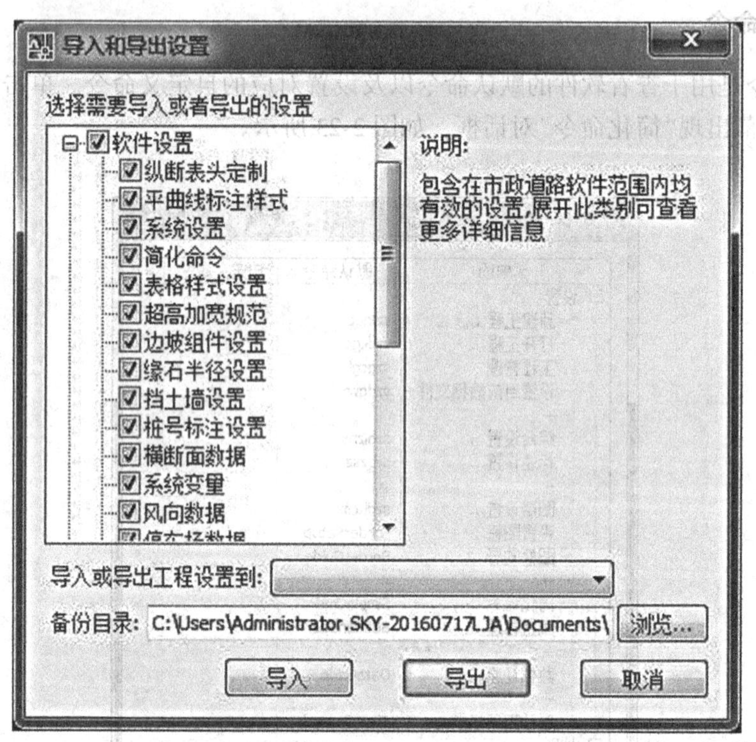

图 2-24 导入和导出设置

选择所需要的功能，选择需要导入或者导出的工程，指定备份目录，即可导入或者导出您所需要的设置，单击[导入]或[导出]按钮，可导入或导出选中的配置。

注意：软件中图框设置所涉及的会签栏、图签等文件，会根据 CAD 版本的不同而不同，因此导入设置的时候需要注意版本匹配。

2.1.9 数据还原

通过数据还原功能，还原某一次操作之前的数据(包含关联更新文件旧有数据、图形数据)，防止出现误操作后，回退后，源文件与关联更新后的文件数据不统一。保存的还原数据位于工程目录中的“backup”子目录中，以“backup”为扩展名，可手动删除备份的数据，备份的 dwg 格式为“文件名称+修改时间”。

单击：“设置→数据还原”，弹出“数据还原”对话框，如图 2-25 所示。

数据还原

还原点：

编号	时间	桩号	描述
1	2019-04-24 02:17:22	ZG	超高加宽设计
2	2019-04-24 01:52:07	ZG	动态更新线转道路
3	2019-04-24 01:47:25	ZG	超高加宽设计
4	2019-04-24 01:35:47	ZG	超高加宽设计
5	2019-04-23 23:19:44	ZG	纵断综合数据定义
6	2019-04-23 15:15:07	ZG	横断地形图提取自然标高
7	2019-04-23 15:04:03	ZG	横断地形图提取自然标高
8	2019-04-23 15:00:32	ZG	纵断标高编辑工具-自然标高
9	2019-04-23 14:55:32	ZG	边坡参数定义
10	2019-04-23 14:43:49	ZG	边坡参数定义
11	2019-04-23 14:43:16	ZG	边坡参数定义
12	2019-04-23 14:33:49	ZG	横断地形图提取自然标高
13	2019-04-23 14:28:00	ZG	动态更新修改纵断设计标高

还原 取消

图 2-25 数据还原

该对话框列出了工程中所有保留的还原点，选中某个还原点后，点击 还原 按钮，将撤销该还原点和其后的所有改动，如果关联更新时选中了备份 dwg 图形，则会弹出是否打开备份图形提示。

2.1.10 联动更新记录

显示联动更新每一步的更新时间、更新内容描述，以及执行结果。单击“设置→联动更新记录”，弹出“联动更新记录”对话框，如图 2-26 所示。

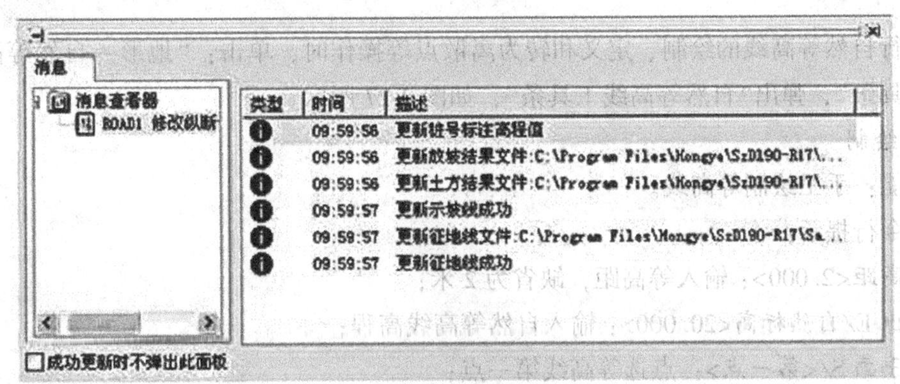

图 2-26 联动更新记录

左侧树中，为调用更新的功能，命名规则为：桩号代号+空格+调用功能+空格+操作时间。

右侧列表中，第一列为信息类型，分为三种：ⓘ标记表示更新成功，⊗标记表示更新错误，⚠标记表示部分未成功或者前提数据不足；第二列为更新时的时间；第三列为本次更新的详细描述信息。

若成功更新时，不希望弹出此面板，可以勾选图2-26左下角的“成功更新时不弹出此面板”。

2.2 地形处理

提供多种数字地模定义工具，可识别各种电子地形图，定义并处理包括离散点、等高线、陡坎在内的地形信息。扫描后的光栅图、经矢量化软件处理的图形文件、经数字化仪处理的地形图等，均可直接在HY-SZDL软件中调用。可以对调入的地形图进行相应的处理，如跟踪描绘等高线、绘制等高线、定义等高线、定义离散点标高等，并可据此计算任意点高，绘制地形断面图，生成三维地形图；可自动优化、计算场地土方；可添加地形内、外边界，对定义好的地形，可查看三角网，绘制其他地形断面。软件采用高效准确的数字高程模型算法，从而保证了纵、横断面设计时自动提取地形标高的准确性。

自然地形的输入有两种方式：转化原有的矢量化过的地形图(电子地形图)，直接绘制等高线和定义自然离散点高。

特别说明：在对电子地形图进行等高线、离散点处理之前，最好先检查一下电子地形图是否具有非常大的厚度(用软件提供的视点转换命令即可方便地看出)。如果有的话，则用change命令将厚度变为零。另外，要察看一下地形图的Z值范围(用extmin、extmax两个命令)。如果Z值过大，则需要用“工具→Z坐标转零”命令将Z值转化为零。

处理各种以离散点、等高线、陡坎表示的地形信息，在此基础上自动进行场地的土方优化或土方计算，并且为随后的纵横断面设计提供基础数据。

2.2.1 自然等高线

进行自然等高线的绘制、定义和转为离散点等操作时，单击：“地形→自然等高线→显示工具条”，弹出“自然等高线工具条”，如图2-27所示。

1. 绘制

功能：手工绘制等高线。

命令行提示：

等高距<2.000>：输入等高距，缺省为2米；

退出E/自然标高<20.000>：输入自然等高线高程；

随手画S/<第一点>：点选等高线第一点；

回车返回/闭合C/<下一点>：可连续点取绘制，并自动圆滑处理。

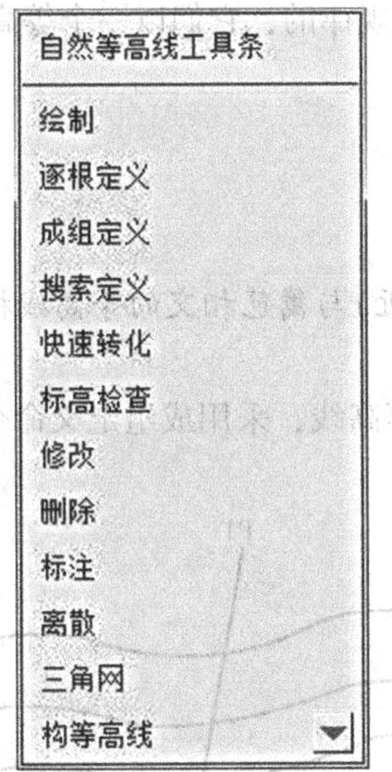

图 2-27 自然等高线工具条

2. 逐根定义

功能：对于已有等高线的地形图，可对其已有等高线进行标高定义。

命令行提示：

回车退出/选择同一测量高度的等高线：选取等高线上任意处在同一测量高度的等高线。

自然标高(m)：输入其标高值。

3. 搜索定义

功能：若原地形图等高线为若干直线段(如多条首尾连接的 LINE 线)构成，选取等高线上任一段，程序自动搜索与该段线相连的所有线段并转化为多义线，然后赋标高值。

命令行提示：

选取某等高线的任一段：选取等高线上任一段，程序自动搜索与该段线相连的所有线段并转化为多义线。

自然标高(m)<0.000>：输入其标高值。

4. 快速转化

功能：将图形中某层具有高度的 LINE 或 POLYLINE 转换为软件所能识别的等高线。当原始地形图中的等高线标高已定义时，此命令可将其标高值自动提取出来，并自动转化为软件可识别的等高线。

命令行提示：

选择样线：点取地形图中任一等高线。

选择＊＊＊层的 LINE/POLYLINE：选择图中所有要定义的等高线。可用窗选或交叉选取，程序则自动选取“＊＊＊”层 LINE 或 POLYLNE 等高线。

请稍候……：程序自动对原始等高线的标高进行搜索并定义。

5. 成组定义

功能：许多等高线是有一定规律的，它们以一个等高距递增或递减，使用此命令可以方便地定义。

命令行提示：

请点取篱笆选择起点 P1：

请点取篱笆选择起点 P2：

请输入首根(距篱笆起点最近)与篱笆相交的等高线标高：<12. 0>

输入等高距<2. 0>：

例如，对于图 2-28 所示的等高线，采用成组定义命令：

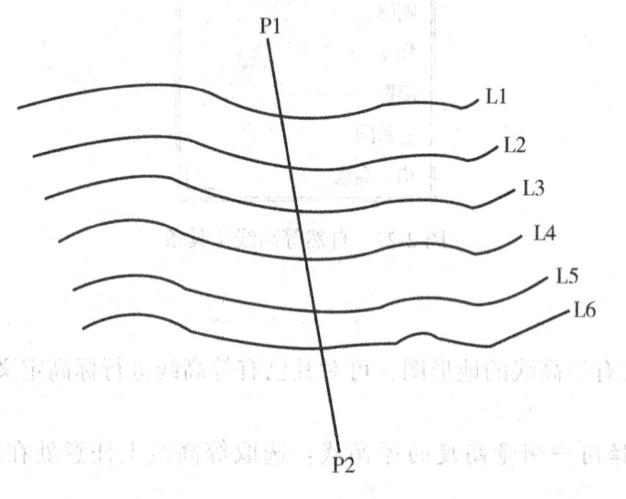

图 2-28 成组定义处理等高线

回车退出/请点取篱笆选择起点：选择 P1 点。

回车退出/请点取篱笆选择终点：选择 P2 点。

请输入首根(距篱笆起点最近)与篱笆相交的等高线标高<12. 0>：110. 000

输入等高距<1. 000>：2. 000

确认后，程序自动将与篱笆线相交的等高线按顺序依次定义。此时，等高线 L1～L6 的高程依次为：110. 0、112. 0、114. 0、116. 0、118. 0、120. 0。

6. 标高检查

功能：对于快速转化得到的等高线，有时可能会存在错误转化多余的线(可能是河流等其他地貌表示线也被误转化)，可用此命令检查图面上有无不合适的自然等高线，将标高超出控制范围的等高线剔除。

命令行提示：

选择对象：选择要进行标高检查的等高线。

请输入最小控制标高：输入等高线最小控制标高。

请输入最大控制标高：输入等高线最大控制标高。

“经过检查，共有 ＊＊ 条无效自然等高线！”：程序会提示不在标高控制范围内的等高线的条数。

该等高线标高：程序逐个提示在标高控制范围外的等高线高程，可通过此后的命令行提示分别对这些等高线进行相应的处理。

退出 X/全部删除 A/删除该等高线 E/<回车下一点>：提示对当前无效等高线的处理方式。选择 A 删除所有的不合法等高线。选择 E 删除当前不合法等高线。直接回车对所有不满足的等高线逐条查看。

7. 修改

功能：对已有等高线进行查询和修改。

命令行提示：

<回车返回>/点取自然等高线：选择自然等高线。

新高度<12.000>：尖括号内为当前高程，输入新高程。

8. 删除

功能：删除任一等高线及其相关标高标注。

命令行提示：

回车退出/全部清除 A/选等高线：选择自然等高线。

9. 标注

功能：用来在等高线上进行标高标注。标注后，等高线标注位置自动断开。

命令行提示：

回车退出/选取等高线：

垂直等高线标注 C/<沿等高线方向标注>：

10. 离散

功能：将所有等高线按输入间距生成标高离散点。

离散是指在绘制好的等高线上按一定的离散点间距来插入离散点，离散点的存在是计算自然点高程的前提，因此在等高线绘制完成后必须进行离散。

命令行提示：

离散点间距<10.0>：输入离散间距。

正在工作，请稍候……\

OK!

缺省的离散间距值较为合适，太大则影响计算精度，太小又会影响生成速度。确认后，自动在原等高线上按照所输入间距生成的离散点。

注意：在绘制地形断面图、土方计算时，是根据离散点构造三角网来进行计算的，所以必须先离散等高线。如果图中已有离散点，而等高线没有全部离散，则未离散的等高线所反映的高程将不被提取，否则有可能造成设计错误。

11. 构三角网

功能：由图面中现有的等高线离散点自动构造三角网，之后构建等高线需要用到此处设置的三角网。

命令行提示：

共有 680 个离散点构造三角网！正在构造三角网，请稍候……

12. 构等高线

功能：由三角网生成有一定高程差的等高线。

命令行提示：

最小高程：##米。

最大高程：##米。

>>请输入等高距：

正在构造等高线，请稍候……

2.2.2 自然标高离散点

单击："地形→自然标高离散点→显示工具条"，弹出"自然离散点工具条"，如图 2-29 所示。

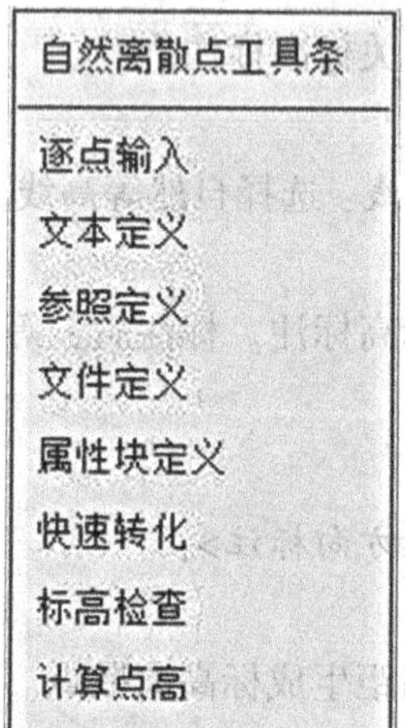

自然离散点工具条

逐点输入
文本定义
参照定义
文件定义
属性块定义
快速转化
标高检查
计算点高

图 2-29 自然离散点工具条

1. 逐点定义

功能：定义离散点的自然标高，如原始地形图中有离散点存在，则可用此命令定义其自然标高。

命令行提示：

=====定义离散点自然标高=====

回车退出/参照线定位 L/测量坐标定位 C/<离散点位置>：输入"C"，用以定义已知测量坐标的点的标高。缺省方式为直接在图面上点取某点，再输入其标高。

2. 文本定义

功能：矢量化地形图中的自然标高文字自动辨别，并结合文本的定位方式转化为软件可识别的离散点的自然标高。

命令行提示：

=====通过图面中表示自然标高高程的文字来定义离散点自然标高=====

回车退出/选择表示自然标高高程的任一文字：

点定位P/块定位B/圆定位A/圆环定位D/点取定位G/椭圆定位E/<回车文字左下角>

选择***层的TEXT实体，请选择：如范围较大，可用窗口选择，或直接在命令行输入“all”选取。

选择对象：

转换文字的图层Y/<N>

正在工作，请稍候……：程序自动在文字的周围寻找定位点，并在定位点布置表示此文字值的离散点。

已完成100%

OK!

注意：由于转换是自动的，所以应将在同一个图层中而又不是表示标高的数字删除或将其转到其他图层。

3. 参照定义

功能：选取参照物进行批量的自然离散点转化。可以选择的参照实体包括块参照、圆、圆弧以及椭圆，软件会提取块参照的插入点或者圆、圆弧、椭圆的中心点的坐标，并根据其Z值转化成自然标高离散点。

命令行提示：

=====通过图面中表示自然标高高程的块、圆、圆弧或者椭圆来定义自然标高离散点=====

选择表示高程的样本块、圆、圆弧或者椭圆：

选择***层的***样本***，请选择：如范围较大，可用窗口选择，或直接在命令行输入“all”选取。

4. 文件定义

功能：将文件中的点数据导入到图形中。

命令行提示：

点击<文件定义>找到并打开标高文件(*.txt)，系统自动将点标高文件中的资料以标高点的形式在图面上表示出来。

5. 属性块定义

功能：对矢量化地形图中的标高属性块自动辨别，并转化为软件可识别的离散点的自然标高。此命令功能同“文本定义”。区别是其选择对象为标高属性块，属性块的属性值表示标高值。

命令行提示：

回车退出/选择任意一个标高块：

选择其他标高块：

6. 快速转化

功能：当原始地形图中的离散点标高已定义时，此命令可将其标高值自动提取出来，并自动转化为软件可识别的离散点。

命令行提示：

回车退出/选择样点：即点取地形图中任一离散点。

选择 * * * 层的点：选择图中所有要定义的离散点。可用窗选或交叉选取，程序则自动选取" * * * "层离散点；

请稍候……：程序自动对原始离散点的标高进行搜索并定义。

7. 标高检查

功能：对于快速转化得到的离散点，有时可能还存在一些多余点(可能是楼层数、坐标值等也被误转化)，可用此命令检查图面上有无自然标高突变点，将标高超出控制范围的点剔除。

命令行提示：

选择对象：选择要进行标高检查的离散点。

请输入最小控制标高：输入离散点最小控制标高。

请输入最大控制标高：输入离散点最大控制标高。

"经过检查，共有 * * 个无效点!"：程序会提示不在标高控制范围内的点的个数。

该点标高：程序逐个提示在标高控制范围外的点高程，可通过此后的命令行提示分别对这些点进行相应的处理。

退出 X/全部删除 A/删除该点 E/<回车下一点>：提示对当前无效点的处理方式，选择 A 删除所有的不合法点；选择 E 删除当前不合法点；直接回车对所有不满足的点逐点查看。

8. 计算点高

功能：当图中已有离散点时，此命令可查询和计算图中任一点的自然标高。

命令行提示：

= = = = = 计算任意点自定标高 = = = = =

回车退出/测量坐标定位 C/<点位置>：输入点的位置，可以使用测量坐标定位。

设计标高 * * 程序提示计算出来的标高。

是否标注(Y/N)<N>：提示用户是否标注高程。

缺省方式为在图面上任意点取点的位置，自动计算出该点的自然标高，并可以自动标注出来。

2.2.3 地形陡坎

1. 定义陡坎

功能：定义地形图上的陡坎，使之成为软件可以识别的信息。可定义垂直陡坎和坡度陡坎两类地形陡坎。如图 2-30 所示。

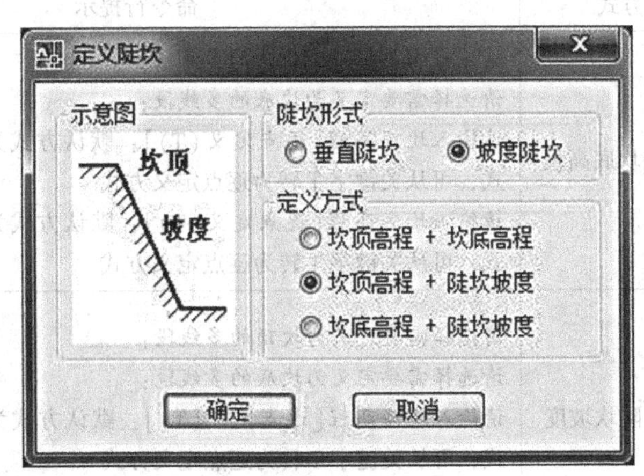

图 2-30 定义陡坎

命令交互见表 2-2。

表 2-2

陡坎类型	定义方式	命令行提示
垂直陡坎	坎顶高程+坎底高程	请选择需要定义为陡坎的多线段： 点取陡坎线高程高的一侧： 请输入坎顶高程[逐点定义(T)]：默认方式为坎顶为统一高度方式，可从关键字 T 转为逐点定义方式 请输入坎底高程[逐点定义(T)]：默认方式为坎底为统一高度方式，可从关键字 T 转为逐点定义方式
	坎顶高程+陡坎高度	请选择需要定义为陡坎的多线段： 点取陡坎线高程高的一侧： 请输入坎顶高程[逐点定义(T)]：默认方式为坎顶为统一高度方式，可从关键字 T 转为逐点定义方式 请输入陡坎高度：
	坎底高程+陡坎高度	请选择需要定义为陡坎的多线段： 点取陡坎线高程高的一侧： 请输入坎底高程[逐点定义(T)]：默认方式为坎底为统一高度方式，可从关键字 T 转为逐点定义方式 请输入陡坎高度：

续表

陡坎类型	定义方式	命令行提示
坡度陡坎	坎顶高程+坎底高程	请选择需要定义为坎顶的多线段： 请选择需要定义为坎底的多线段： 请输入坎顶高程[逐点定义(T)]：默认方式为坎顶为统一高度方式，可从关键字T转为逐点定义方式 请输入坎底高程[逐点定义(T)]：默认方式为坎底为统一高度方式，可从关键字T转为逐点定义方式
	坎顶高程+陡坎坡度	请选择需要定义为坎顶的多线段： 请选择需要定义为坎底的多线段： 请输入坎顶高程[逐点定义(T)]：默认方式为坎顶为统一高度方式，可从关键字T转为逐点定义方式 请输入陡坎坡度：
	坎底高程+陡坎坡度	请选择需要定义为坎顶的多线段： 请选择需要定义为坎底的多线段： 请输入坎底高程[逐点定义(T)]：默认方式为坎底为统一高度方式，可从关键字T转为逐点定义方式 请输入陡坎坡度：

生成三角网，垂直陡坎着色后如图2-31所示，坡度陡坎着色后如图2-32所示。

图2-31 垂直陡坎

图2-32 坡度陡坎

2. 编辑陡坎

功能：编辑已定义地形陡坎的高程。

命令行提示：

选择陡坎线后，如果所选的陡坎线是坡度陡坎时：

请选择已经定义的陡坎线：如果所选的线是坎顶则提示：

请输入坎顶高程[逐点定义(T)]<原定义值>：默认方式为坎顶为统一高度方式，可从关键字 T 转为逐点定义方式。

如果所选的线是坎底线，则提示：

请输入坎底高程[逐点定义(T)]<原定义值>：默认方式为坎底为统一高度方式，可从关键字 T 转为逐点定义方式。

如果所选的陡坎线是垂直陡坎，则提示：

请输入坎顶高程[逐点定义(T)]<原定义值>：默认方式为坎顶为统一高度方式，可从关键字 T 转为逐点定义方式。

请输入坎底高程[逐点定义(T)]<原定义值>：默认方式为坎底为统一高度方式，可从关键字 T 转为逐点定义方式。

2.2.4 地形断面

功能：自动绘制任意剖断方向的地形断面。

命令行提示：

剖断位置起点：

到点：

回车返回/<到点>：可绘制一条剖断线也可以继续绘制多条剖断线进行阶梯剖。

剖视方向：

剖视图编号<1>：

采样间距(m)<10.0>：指沿剖断线的标高采样间距(间距越小，绘制的断面越精确，运行时间越长)。

提取标高信息，请稍候……

地形断面左下角位置：

竖向放大系数<10.0>：为便于观察，把标高值放大。竖向放大系数为放大的倍数。

注意：程序提取的是离散点的标高，若要提取等高线所反映的高程时，则必须先离散等高线。

2.2.5 视点转换

对三维地形图进行视点转换观看其三维效果，单击：地形→视点转换，弹出“三维视图转换”窗口，如图 2-33 所示。

此项提供了 V0、V45、V90、V135、V180、V225、V270、V315、PM 九个方向的视点转换命令。可直接输入以上转换命令，也可以直接点取幻灯。三维视图视点转换后退回平面时，应重新调出此窗口，点“平面”后再点“确定”按钮，或直接在命令行输入 PM 命令。

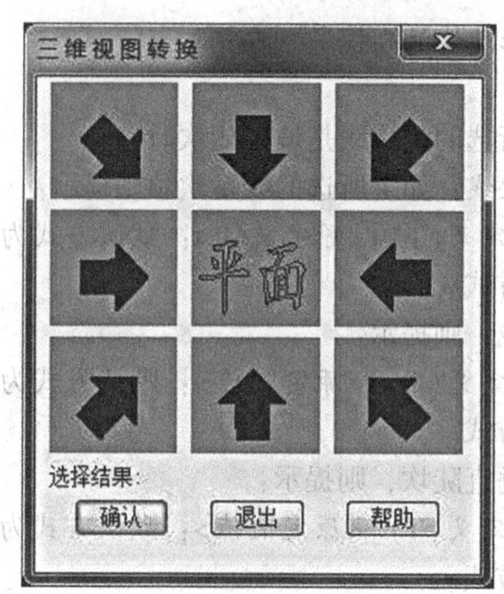

图 2-33 三维视图转换

2.2.6 地形附例

假设有一张电子地形图如图 2-34 所示，图中既有等高线，又有文字标注的离散点。下面就以此为例，结合本章的各个命令，可以按照下面的步骤进行处理。

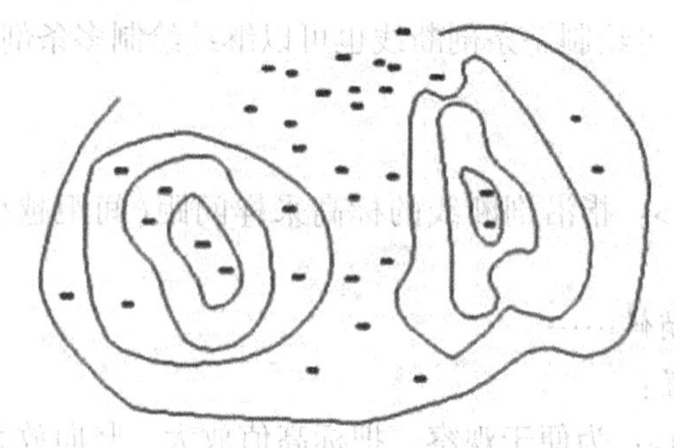
图 2-34 电子地形图

1. 自然等高线的转化

单击："地形自然等高线→显示工具条"，弹出"自然等高线工具条"，点选"成组定义"选项，如图 2-35 所示。

命令行提示：

请点取篱笆选择起点：如图 2-36 所示，在图面上 A 处点一下。

请点取篱笆选择终点：如图 2-36 所示，在图面上 B 处点一下。

请输入首根(距篱笆起点最近)与篱笆相交的等高线标高：<12.0>100

等高距：<2.0>0.5

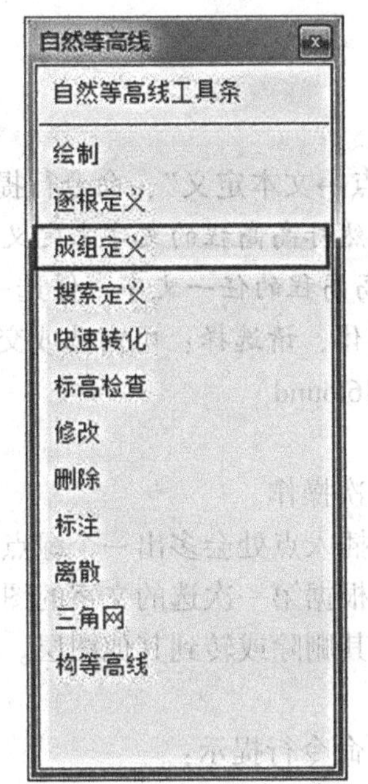

图 2-35　自然等高线工具条

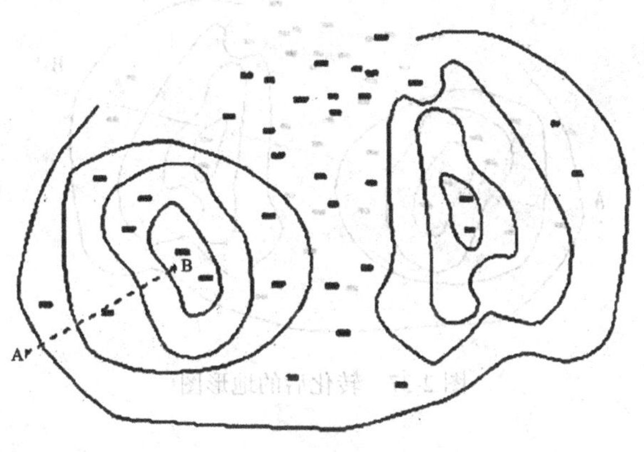

图 2-36　成组定义

此时，应该看到最长的一根和左边三根等高线变为绿色，表示已转化成功，对于右边的三条等高线，可试着用其他方式。点选"搜索定义"选项。

命令行提示：

选取某等高线的任一段：选右边三根中最外的一根。

自然标高(m)：100.5

选取某等高线的任一段：选右边三根中中间的一根。

自然标高(m)：101

选取某等高线的任一段：选右边三根中最里的一根。

自然标高(m)：101.5

选取某等高线的任一段：

至此自然等高线转换完成。

2. 离散点的转化

单击："地形自然标高离散点→文本定义"，命令行提示：

=====通过图面中表示自然标高高程的文字来定义离散点自然标高=====

回车退出/选择表示自然标高高程的任一文字：任选一标高文字。

过滤 PPPMTK 层的 TEXT 实体，请选择：可窗选或交叉选取范围。

Selectobjects：Othercorner：46found

Selectobjects：

可用 Undo/Back 命令取消上次操作。

转化完后可看到每个文字的插入点处会多出一个绿点。

注意：选择文字时，程序是根据第一次选的文字的图层来进行过滤，因此，如果此图层还有其他无关的文字，要先将其删除或转到其他图层。

3. 地形断面

单击："地形→地形断面"，命令行提示：

剖断位置起点：如图 2-37 所示，选点 A。

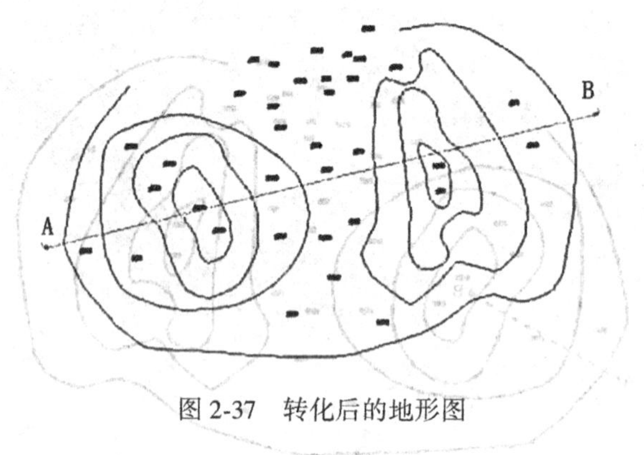

图 2-37 转化后的地形图

到点：---(选点 B)

回车返回-/<到点>：

剖视方向：---(选向上或向下)

剖视图编号<1>：

采样间距(m)<10.0>：

提取标高信息，请稍候……

地形断面左下角位置：

竖向放大系数<10.0>：

剖断面如图 2-38 所示。

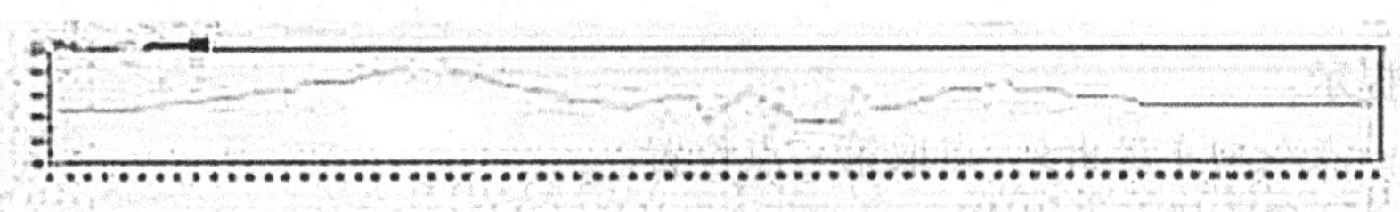

图 2-38 地形剖面图

2.3 场地土方优化

鸿业市政软件可利用图中的离散点或等高线的数据，计算土方网格交叉点的自然和设计标高，来进行土方优化或土方计算。同时，可在一个场地中进行多个区域的运算，并且可在任意区域内插入任意走势的挡土墙，自动计算边坡，形成三维的自然和设计场地图。

计算步骤：①确定边界；②绘制网格；③网格处理；④定义、计算方格网角点高程；⑤计算土方量。

特别说明：①此部分用的计算方法是方格网的四角棱柱计算方法；②网格处理为必需的步骤，并且处理后不可再移动网格区域；③土方优化的准则是填挖差最小。

2.3.1 设计等高线

“设计等高线工具条”如图 2-39 所示，用来确定要进行土方计算场地的设计高程，高程的确定实际上是为土方计算(或优化)做准备条件的。除了“三点标高”和“四点标高”两个命令外，其他的命令用法与“自然等高线”相同，请参考前面的内容，并注意最后一定要进行“离散”。

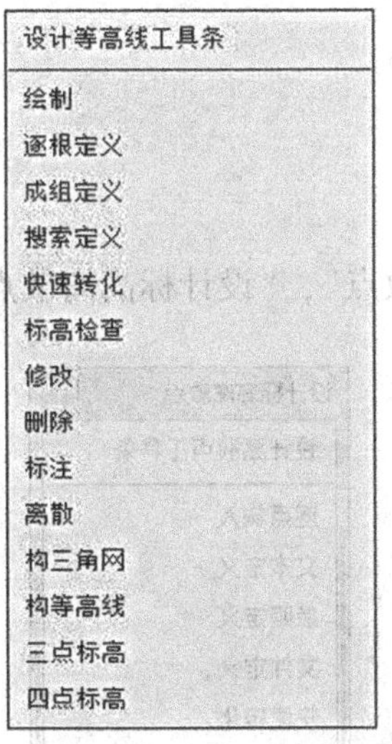

图 2-39 设计等高线工具条

1. 三点标高

功能：通过定义三角形 3 个顶点的设计标高，在三角形内部构造出一定等高距的设计等高线。

命令行提示：

输入第一点/<回车退出>：点取第一点位置。

输入标高：输入第一点标高。

输入第二点：点取第二点位置。

输入标高：输入第二点标高。

输入第三点：点取第三点位置。

输入标高：输入第三点标高。

输入等高距：

回车即可生成设计等高线。

2. 四点标高

功能：通过定义任意四边形4个顶点的设计标高，在四边形内部构造出一定等高距的设计等高线。

命令行提示：

按顺时针或逆时针方向依次点取各顶点：

输入第一点/<回车退出>：点取第一点位置。

输入标高：输入第一点标高。

输入第二点：点取第二点位置。

输入标高：输入第二点标高。

输入第三点：点取第三点位置。

输入标高：输入第三点标高。

输入第四点/<回车三点等高线>：点取第四点位置，直接回车按照三点标高绘制等高线。

输入标高：输入第四点标高。

输入等高距：

2.3.2 设计标高离散点

使用方法参考“自然标高离散点”，“设计标高离散点”工具条如图2-40所示。

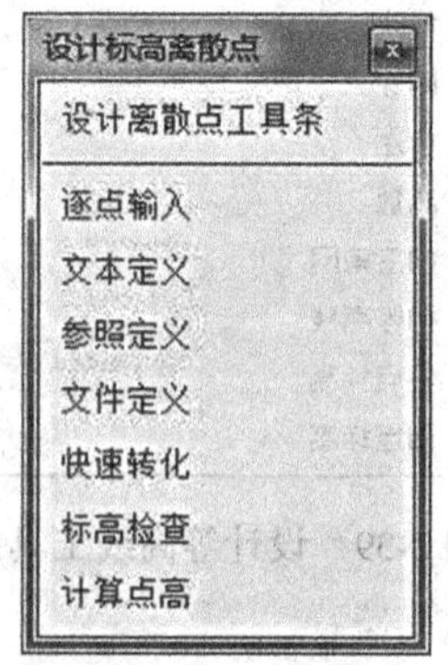

图2-40 设计标高离散点

2.3.3　土方计算(绘制网格)

点击："土方计算(绘制网格)→显示工具条→命令"，系统将弹出如图 2-41 所示工具条。

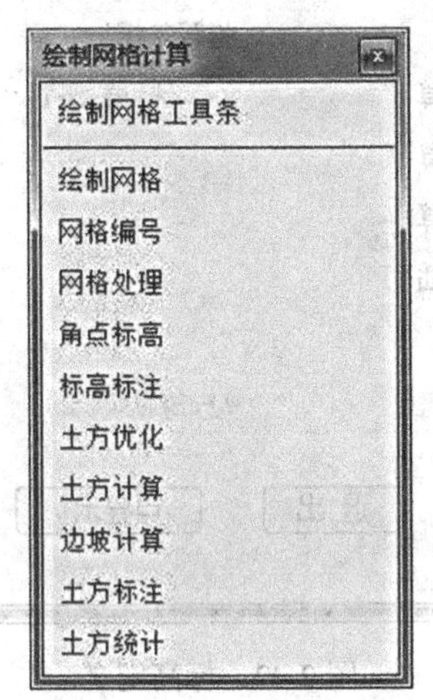

图 2-41　土方计算(绘制网格)

1. 绘制网络

功能：对需要土方计算的区域按一定的网格大小进行分割，将土方区域形成网格。

命令行提示：

回车退出/回退 U/选图素构造边界线 X/<点取闭合域内任一点>：

变虚的线是边界线吗(y/n)？<y>：

该区域编号<1>：

土方网格基点<0，0>：

网格间距(米)<20>：

2. 网格编号

由上至下、由左到右，将某一指定区域的网格按英文字母及数字进行轴线方式的编号，不会对计算结果产生影响。

3. 网格处理

绘制好的网格必须进行处理才能进行计算，单击"网格处理"，程序自动进行处理，网格处理后会形成一系列的资料点，这些点记录了相关信息(如本网格内的填挖方数据)，用户不能将其删除。

4. 角点标高

定义各网格交叉点的自然标高及设计地面标高。如果用户只进行"土方优化"，并且在土方计算时采用优化的结果，则设计标高无需定义；如果用户已有自然及设计标高，并只进行十方计算，则自然和设计标高必须同时都定义。单击"角点标高"，弹出"标高定义"窗口，如图 2-42 所示。

用户可选择所需的标高定义方式，再点击"选点"按钮，选择欲定义的点，进行定义。

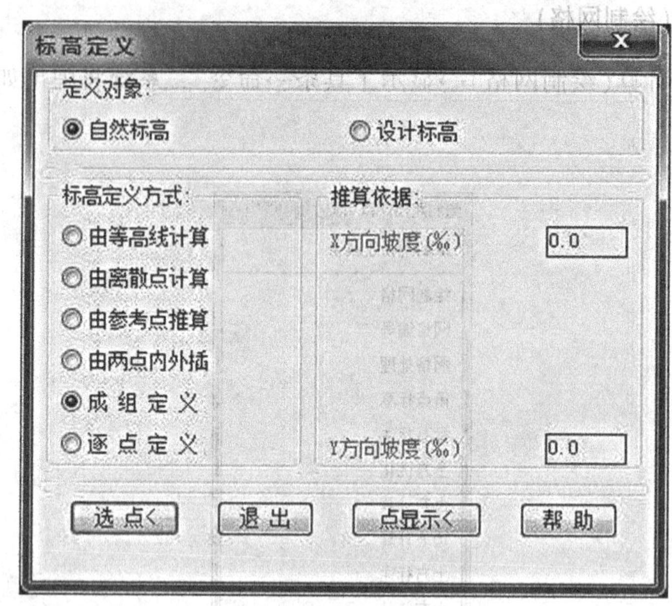

图 2-42 标高定义

窗口中各个选项含义如下：

由等高线计算：根据图形中已经存在的等高线计算获得选取点的标高。

由离散点计算：根据图形中已存在的标高离散点计算获得选取点的标高。注意，如果要提取等高线所确定的高程，则必须对相应的等高线“离散处理”。

由参考点推算：根据用户确定的参考点标高及 X，Y 方向的坡度，推算其他点的标高。

由两点内外插：根据用户确定的参考点的标高，采用插值法计算其他点的标高。

成组定义：如果一组点的标高相同，可采用该方式定义，例如，如果设计标高是相同的，则可以选中所有的点，赋以设计标高值。

逐点定义：逐点输入选取点的标高值，如果一组点的标高各不相同，也没什么规律，则可用此法。可一次选取所有点，定义一个点后，程序会自动跳到下一点。

点显示<：可根据点的颜色判断标高定义情况。白色点标高没有定义；黄色点仅有自然标高；蓝色点仅有设计标高；红色点的标高已全部定义。

5. 标高标注

将各个角点的自然标高和设计标高标注出来，共三个值：角点右上为设计标高，右下为自然标高，左边为标高差值。

6. 土方优化

土方优化根据最小二乘法原理进行计算，确定某区域的最佳设计平面，使该区域内挖填差最小，且挖填方基本平衡。

土方优化的前提条件是：

(1)土方网格已经处理过；

(2)土方网格交叉点的自然标高已定义。

单击“土方优化”，弹出“土方优化”窗口，如图 2-43 所示。

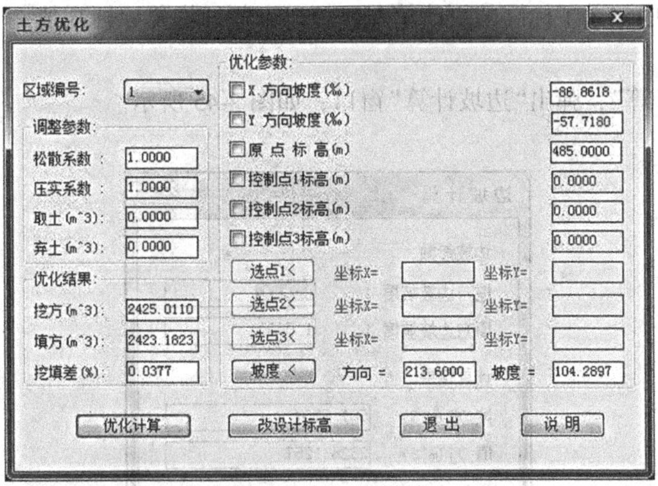

图 2-43 土方优化

7. 土方计算

当已定义过设计标高，或者对优化计算的结果要进行调整，这时，可以用“定设计高计算”，对该区域进行控制优化。

单击“土方计算”，弹出“土方计算”窗口，如图 2-44 所示。其中各项参数含义与前面“土方优化”窗口中相同。

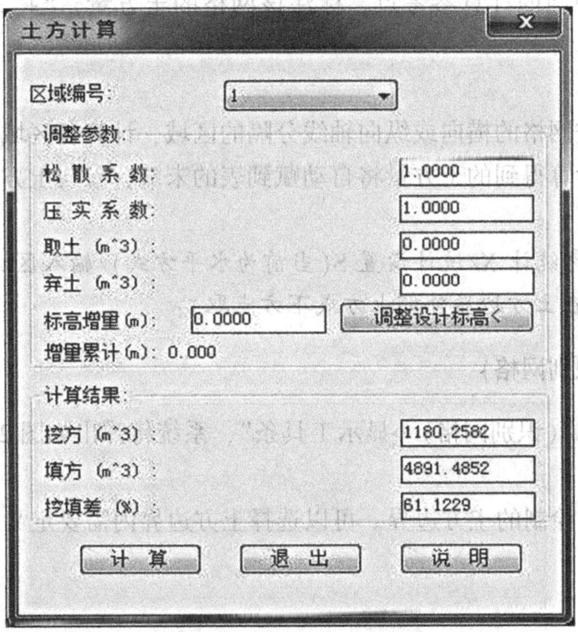

图 2-44 土方计算

在土方计算过程中，通过输入“标高增量”，可以使区域内各角点的设计标高升高或降低某一给定值，进行反复计算，比较各种结果。

“增量累计”中记录了标高的更改情况，可以方便地恢复原标高值。

8. 边坡计算

单击“边坡计算”，弹出“边坡计算”窗口，如图 2-45 所示。

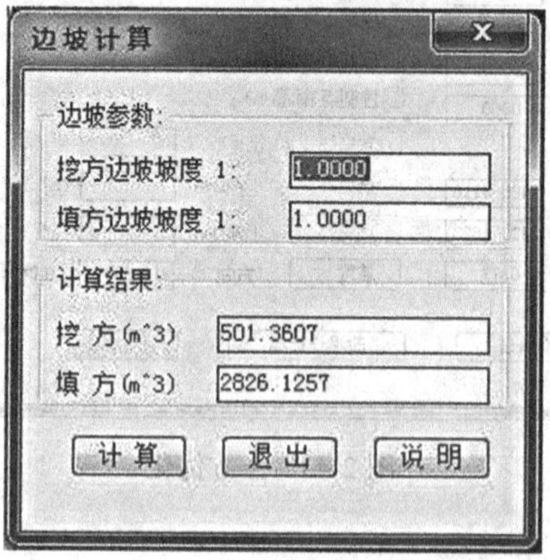

图 2-45 边坡计算

输入挖、填方边坡坡度，选择土方区域的边界，则自动计算边坡的土方量，并绘制边坡的示坡线，相邻边坡自动倒角连接。

9. 土方标注

选择土方网格中间的计算参考点，标注该网格的土方量，“+”表示填方，“-”表示挖方。

10. 土方统计

功能：可选择按网格的横向或纵向轴线分隔的区域，计算各区域累计的填挖方量并汇总出表，经过边坡计算得到的土方量将自动赋到表的末端，参与土方量的统计。

命令行提示：

所有区域 A/局部统计 X/统计设置 S(当前为水平方式)/输入区域编号<1>:

统计表格位置(在土方边界外部上方或下方点取)：

2.3.4 土方计算(识别网格)

点击：“土方计算(识别网格)→显示工具条”，系统将弹出如图 2-46 所示工具条。

1. 定义网格线

功能：识别用户绘制的土方边界。可以选择土方边界内需要定义为网格的直线、多段线和圆弧。

命令行提示：

回车退出/回退 U/选图素构造边界线 X/<点取闭合域内任一点>:

变虚的线是边界线吗(Y/N)? <Y>:

识别网格计算

识别网格工具条

定义网格线

网格处理

角点标高

标高标注

土方优化

土方计算

边坡计算

土方标注

土方统计

图 2-46　土方计算(识别网格)

该区域编号<1>:

选择要定义的网格线：选择土方边界内需要定义为网格线的直线、多段线或圆弧。

2. 网格处理

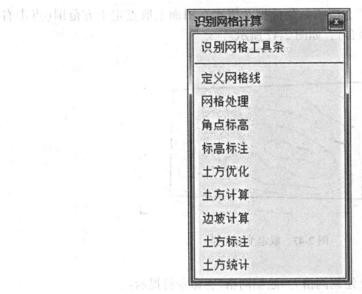

定义的网格必须进行处理才能进行计算，点击“网格处理”，程序自动进行处理，网格处理后会形成一系列的资料点，这些点记录了相关信息，如本网格内的填挖方数据，用户不能将其删除。

土方计算(识别网络)角点标高、标高标注、土方优化、土方计算、边坡计算、土方标注、土方统计参考土方计算(绘制网格)。

命令行提示：

输入要统计的区域编号<1>:

回车退出/<点取表格左上角>:

统计表格如表 2-3 所示。

表 2-3　**土方统计表格**

	合计(m^3)	边坡(m^3)	总计(m^3)
填方(+)	2838.224	0.000	0838.224
挖方(-)	2834.910	0.000	2834.910

2.3.5　土方附例

以上一章附例为例，自然地形已处理过，下面以之为例进行土方的计算。

1. 土方范围和划分

单击："土方→土方边界"，按照命令行提示依次在图面上取点定土方范围(点击右键，程序会自动将所选范围闭合)，如图 2-47 所示。

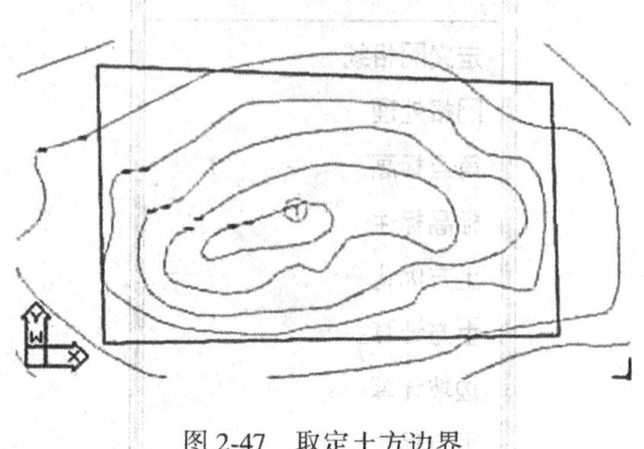

图 2-47　取定土方边界

单击："土方→土方计算(绘制网格)→绘制网格"，命令行提示：

回车退出/回退 U/选图素构造边界线 X /<点取闭合域内任一点>：确定要进行网格绘制的区域。

变虚的线是边界线吗(y/n)？<y>：

该区域编号<1>：

土方网格基点<0，0>：

网格间距(米)<20>：确定网格的大小，网格越小精确度越高，但速度越慢。

回车退出/回退 U/选图素构造边界线 X /<点取闭合域内任一点>：

注意：如图面上图形较多、较复杂，选边界时，最好用"X"选项。划分完后如图 2-48 所示。

单击："土方计算(绘制网格)→网格处理"。处理完成后，会看到每个网格中间会多出一个白点，每个网格的信息就存在这个点上。然后定义每个角点的标高。单击："土方→土方计算(绘制网格)→角点标高"，弹出"标高定义"窗口，如图 2-48 所示，"定义对象"选"自然标高"，"标高定义方式"选"由离散点计算"，再单击"选点"按钮，直接框选

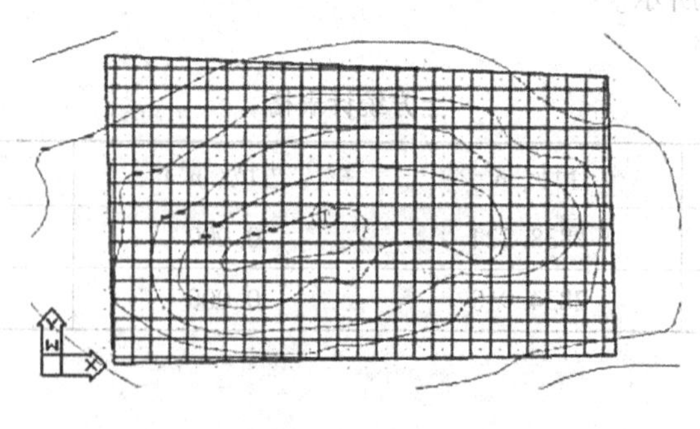

图 2-48　划分完成图

所有点，计算完后，应该看到各角点变为黄色(如同时定义设计标高，这些点会显示成红色)。

2. 土方计算

假设不进行设计标高的定义，而先做“土方优化”，然后根据优化结果定义各点设计标高。如已有设计标高，可直接用上面的“标高定义”定义各点设计标高，然后跳过“土方优化”，而直接进行“土方计算”。

单击：“土方→土方计算(绘制网格)→优化计算”，弹出“土方优化”窗口，如图2-49所示。直接点“优化计算”，程序会按照“该区域内挖填差最小，且挖填方基本平衡”的原则给出一个最佳结果。若对右边的“优化参数”中某几项有要求，请先勾选，再输入要求的参数值。

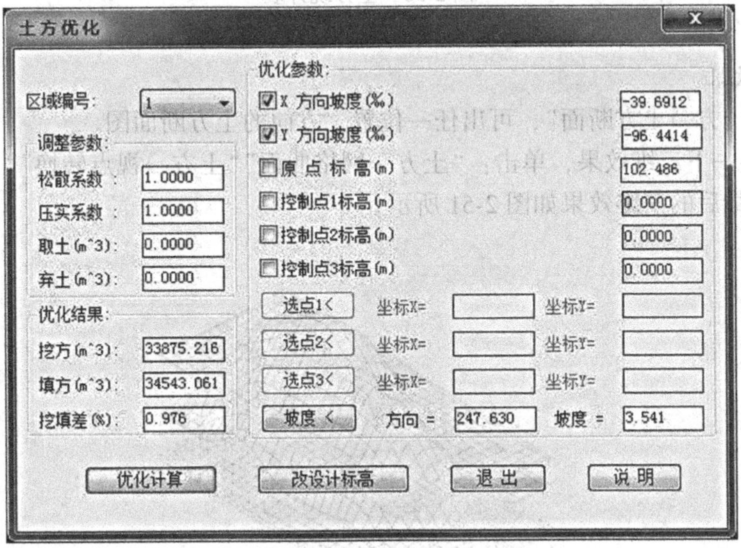

图 2-49　土方优化

重新点“优化计算”，则程序按“挖填方基本平衡”重新计算，如对此结果满意，请点“改设计标高”按钮，程序会根据优化结果算出每个角点的标高。此时再看图面上，各角点颜色又变为红色。并且图中会出现几条黄色线，即为挖填平衡线。

土方计算。如对以上结果不太满意，需进行调整，特别是整体抬高或降低，可再进行一下土方计算。单击：“土方→土方计算(绘制网格)→土方计算”，出现“土方优化”窗口，如图 2-49 所示。假设整个平面要降低 0.1m，则在“标高增量”框中输入“-0.1”，点“调整设计标高”按钮(这时，每个角点的设计标高都减小 0.1m)，再点“计算”按钮，会得出一个新的结果。

标注。单击：“土方→土方计算(绘制网格)→标高标注”，框选要标注的角点，即将各个角点的自然标高和设计标高标注出来。角点右上为设计标高，右下为自然标高，左边为差值；单击：“土方→土方计算(绘制网格)→土方标注”，可标出各网格的土方量，正值为填方，负值为挖方。单击“土方→土方计算(绘制网格)→土方统计”，在土方网格下方任点一点，可出土方统计表，如图 2-50 所示。

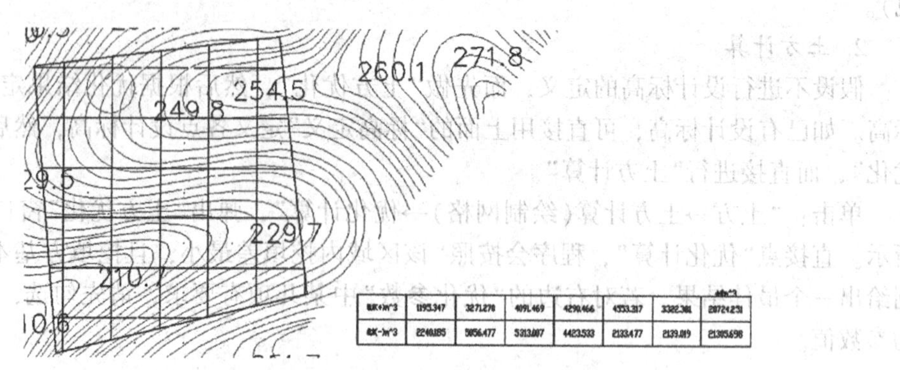

图 2-50　土方统计表

3. 三维效果

单击：“土方→土方断面”，可出任一位置、方向的土方断面图。

如需观察一下三维效果，单击：“土方→网格曲面”“土方→视点转换”“土方→曲面着色”等命令，最后的三维效果如图 2-51 所示。

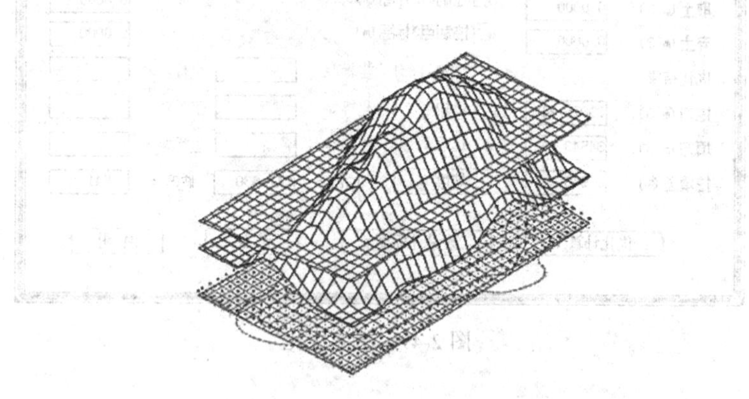

图 2-51　三维效果图

2.4　平曲线设计

本章主要介绍了软件在道路平面方面的功能，如线形的设计、道路绘制、桩号的定义、道路平面自动裁图等。

平面部分的主要功能是进行道路定线、线型等方面的设计。道路的平面设计，根据初始条件不同具体的操作流程也不相同。但主要的环节是相同的。包括：获得中心线、线型、超高加宽设计、定义桩号、线转道路。

获得道路中心线的主要途径是根据已有定线资料，可以使用“自动定线”命令生成。定线时，要按照已经定义好的技术标准，结合细部地形、地质条件，综合考虑平、纵、横三方面的合理安排，确定道路中心线的确切位置。

平面线型一般由曲线和直线组成。道路平面线型设计主要包括：选定合适的圆曲线半径，计算缓和曲线，合理解决曲线与曲线、曲线与直线的衔接，恰当地设置超高、加宽和缓和路段，计算行车视距，排除可能存在的视线障碍。

2.4.1　定位设置

1. 坐标关系

单击："平面→定位设置→坐标关系"，执行该功能。包含"两点定义坐标"和"点方向定坐标系"两种方式。

(1)两点定义坐标。若打开的地形图是旋转过的或者是经过移动的，这时图中的已知坐标点的坐标(用计算机标出的值)与实际的坐标值就不相符了。在这种情况下，可以用"两点定义坐标"来解决。

在地形图上任意找两个点(用户已知其实际坐标值)，分别输入它们的计算机坐标(即显示在 ACAD 窗口底下状态区的坐标)和测量坐标来确定其坐标关系；也可以直接在图中点取，然后再把这两点的实际坐标值输入到测量坐标栏中。如图 2-52 所示。

图 2-52　两点坐标设置

点击"确定"，即自动实现计算机坐标与测量坐标两个坐标系的转换，并自动计算出图面上任一点的计算机坐标与测量坐标。程序会计算出误差信息，点击程序会自动进行调整。

(2)点方向定坐标系。此功能与两点定义坐标的功能类似，需要已知某一坐标和两个坐标系的夹角。输入同一点的计算机坐标和测量坐标以及两坐标系之间的夹角，即自动实现计算机坐标与测量两坐标系的转换。如图 2-53 所示。

注意：北方向缺省为正上方，即 90 度方向。

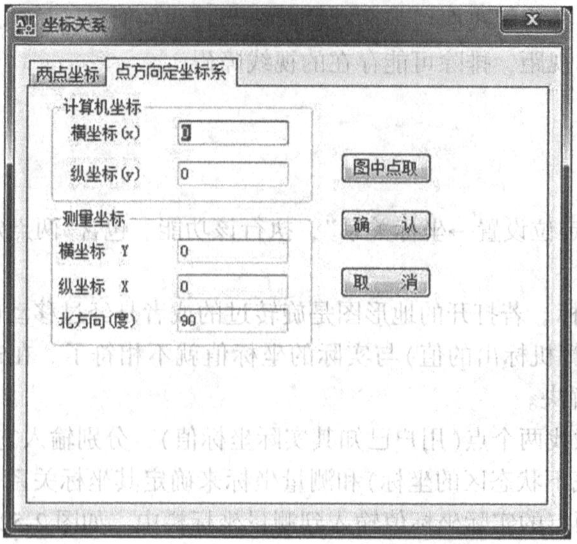

坐标关系
两点坐标 点方向定坐标系
计算机坐标
横坐标(x) 0
纵坐标(y) 0
图中点取
测量坐标
横坐标 Y 0
纵坐标 X 0
北方向(度) 90
确 认
取 消

图 2-53 点方向定坐标系

2. 调整水平方向

调整图面水平方向，便于查图。直接输入旋转角度或是选取作为参考线的实体，然后确定旋转基点即可。

3. 坐标网络

绘制坐标网格，单击："平面→坐标网格"。

命令行提示：

输入网格间距：

输入网格左下角位置：

回车退出/输入网格右上角：

选择坐标网格方式：网状 W/<回车>：

图面十字线长度(mm)<20.0>：

如图 2-54 所示。

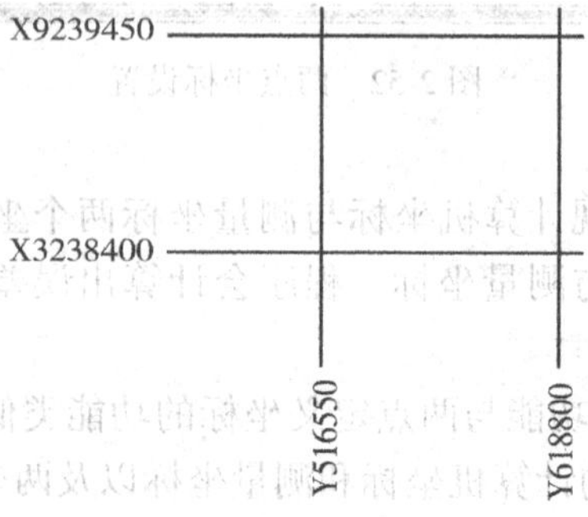

X9239450
X3238400
Y516550
Y618800

图 2-54 坐标网格图

注意：图面上标出的是“测量坐标”。

4. 指北针

单击：“平面→指北针”，弹出“指北针图库”窗口，如图 2-55 所示，从中选取合适图块，单击“确定”，插入图中。

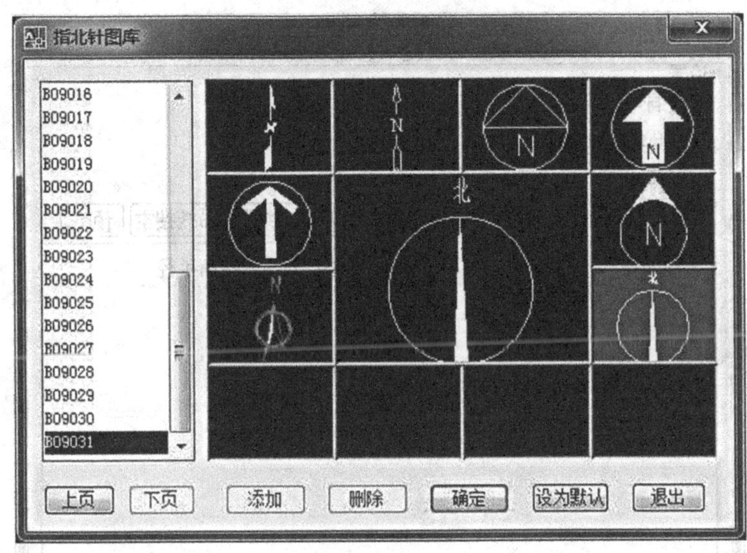

图 2-55 指北针图库

5. 风玫瑰

单击“风玫瑰”，会弹出“布置风玫瑰”窗口，图库中已存有各重要城市的风玫瑰，可从中选取合适图块插入图中，如需要修改，可点击 改数据... 按钮进行数据修改，如图 2-56 所示。

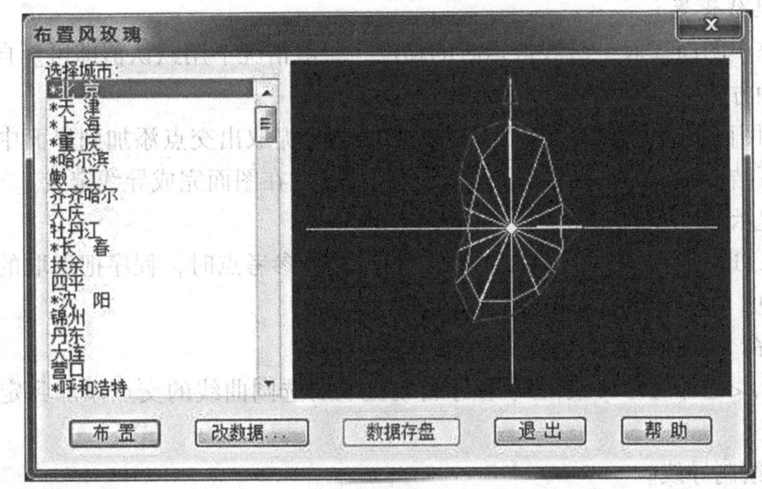

图 2-56 布置风玫瑰

2.4.2 自动定线

自动定线功能用于确定定线设计阶段的各导线点位置。点击“线形→自动定线”命令，出现如图 2-57 所示界面。

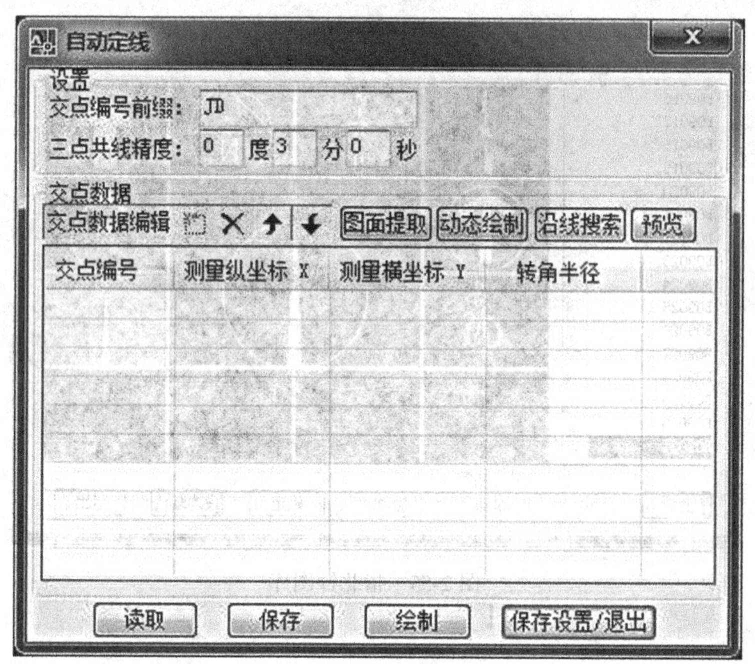

图 2-57 自动定线

1. 交点编号前缀

设置框中设置在标注交点时的交点前缀。

2. 三点共线设置

设置系统中图面提取、沿线搜索时的精度。一般情况下用默认值即可。自动定线可以通过以下五种方法进行定线：

(1)把从图面点取的导线点以及从选择的圆曲线提取出交点添加到界面中的交点数据列表中，也可结合手工编辑，最后点取“绘制”按钮，在图面完成导线定线。

命令行提示：

回车结束/选择曲线段 S/选择参考点：直接选择参考点时，程序把点取的交点直接加入交点列表中。

输入 s，命令行提示：

回车退出/<选择道路曲线段>：程序自动提取所选圆曲线的交点添加到定线界面中的交点列表中。

(2)动态绘制导线。

命令行提示：

>>请确定导线起点：

拖动过程如图 2-58 所示。

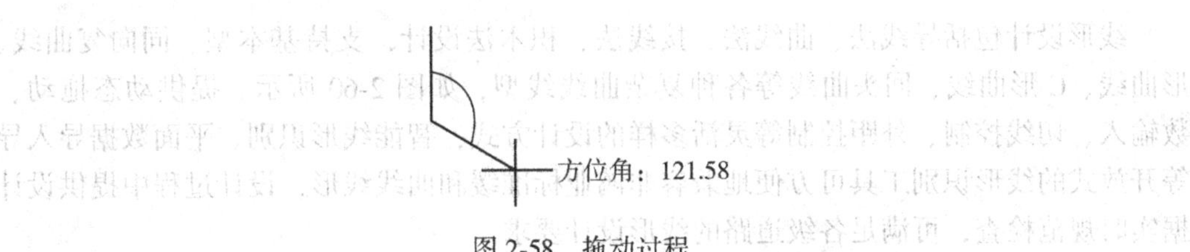

图 2-58　拖动过程

(3)命令行提示：

回车退出/<请选择道路中心线>：

与图所示方向相反 S/<回车沿图所示方向>：

选择道路中心线后，程序会自动搜索与其相连接的所有中心线，并自动提取导线交点信息。

搜索结果如图 2-59 所示。

图 2-59　自动定线搜索结果

注意：软件只可提取自身可识别曲线的导线信息；如果所选择的道路已经定义过桩号，则以桩号顺序提取。

(4)如果有平面导线交点数据文件(＊.rcd)，就可以直接点击[读取]按钮，得到导线信息。然后点取“绘制”，即可完成定线。

(5)可手工编辑界面中的交点坐标和转弯半径，点取“绘制”，完成定线。

点击[保存设置/退出]按钮，保存设置，并退出。

点击[浏览...]、[绘　制]按钮，预览、绘制实际导线。

2.4.3 线形设计设置

线形设计包括导线法、曲线法、接线法、积木法设计，支持基本型、同向复曲线、S形曲线、C形曲线、回头曲线等各种复杂曲线线型，如图2-60所示。提供动态拖动、参数输入、切线控制、外距控制等灵活多样的设计方式，智能线形识别、平面数据导入导出等开放式的线形识别工具可方便地兼容非鸿业标准缓和曲线线形，设计过程中提供设计数据实时规范检查，可满足各级道路的线形设计要求。

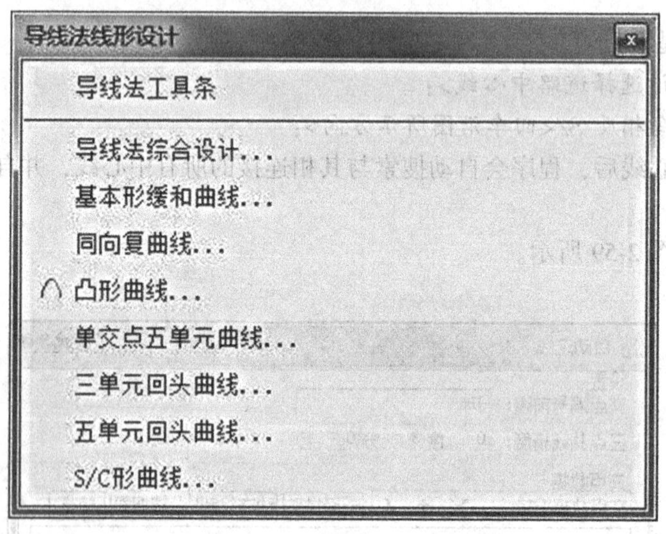

图2-60 导线法线形设计

设置在线形设计时是否实时规范检查，在导线法综合设计时是否交点标注和参数标注，如图2-61所示。

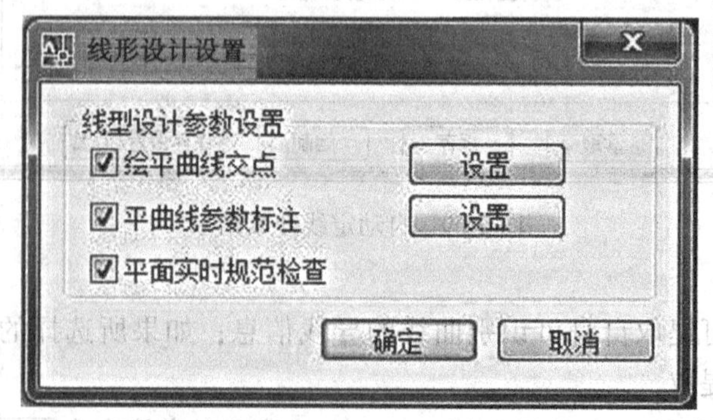

图2-61 线形设计设置

☑绘平曲线交点：导线法综合设计后，对整条路线进行平曲线交点标注。点击[设置]按钮，弹出平曲线交点标注设置界面。

☑平曲线参数标注：导线法综合设计后，对整条路线进行平曲线参数标注。点击［设置］按钮，弹出平曲线参数标注设置界面。

☑平面实时规范检查：线形设计时，对设计段的平曲线参数进行规范检查。如果路线没有道路信息，则会弹出道路信息设置对话框，如图 2-62 所示。

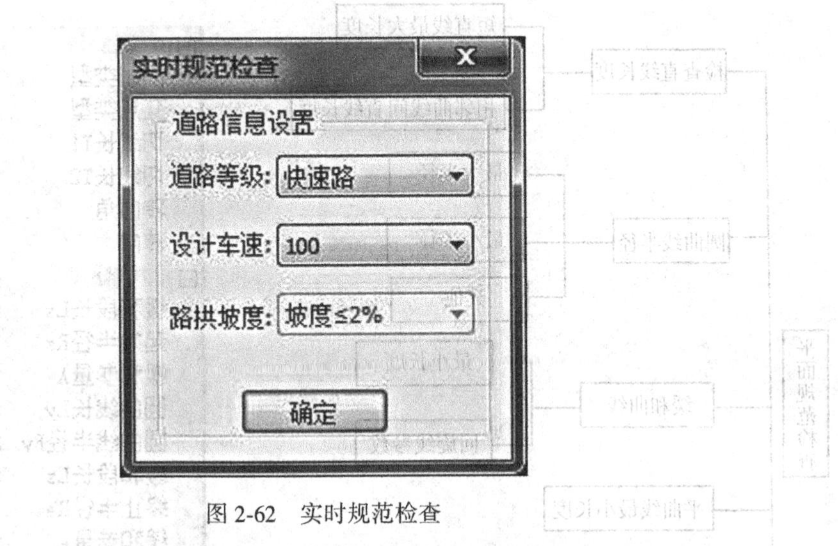

图 2-62　实时规范检查

HY-SZDL 软件快速响应国家新规范，提供设计实时规范检查，如表 2-4 所示，用来在平面线形设计完毕后，检查线形单元的各种参数以及线形的组合是否符合规范的各项要求。

表 2-4　参考规范

编号	名　　称	出版社或作者
1	道路工程术语标准(GBJ124—88)	人民交通出版社
2	道路工程制图标准(GB50162—92)	人民交通出版社
3	城市道路交通规划设计规范(GB50220—95)	人民交通出版社
4	城市道路设计规范(CJJ37—2012)	中国建筑工业出版社
5	城市道路照明设计标准(CJJ45—2006)	中国建筑工业出版社
6	柔性路面设计参数测定方法标准(CJJ/T95—94)	中国建筑工业出版社
7	公路路基设计规范(JTG D30—2004)	人民交通出版社
8	公路线设计规范(JTG D20—2006)	人民交通出版社
9	《城市道路设计手册》	北京市市政设计院

平面规范检查的内容如图 2-63 所示。

修改道路等级、设计车速、路拱坡度(超高横坡)后，点击[确定]按钮，进行规范检查。检查结果显示在曲线参数对话框的下方，如图 2-64 所示。

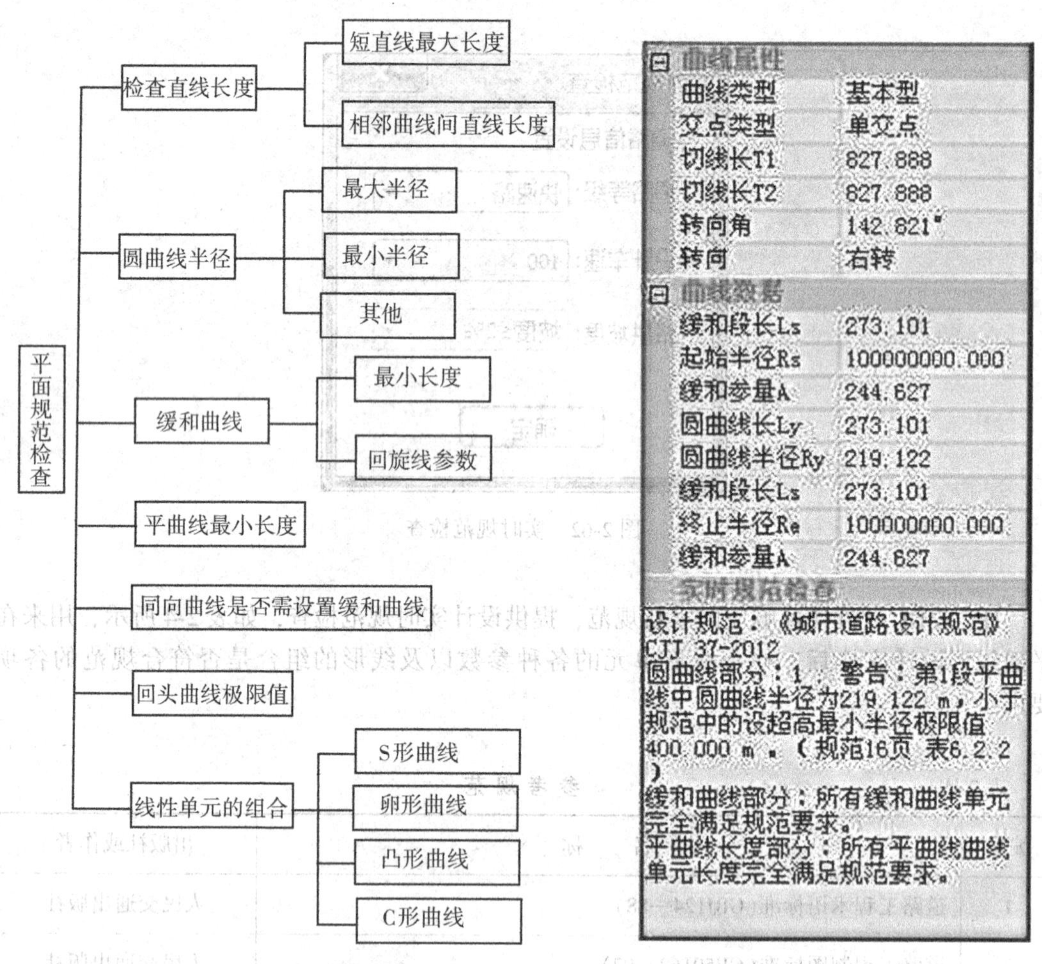

图 2-63 平面规范检查内容　　　图 2-64 平面实时规范检查

在所有的线形设计对话框中，单击界面中蓝色标签的设计参数，均会打开相应的规范参考页面。例如，回旋线的规范参考，如图 2-65 所示。

单击："线形→平面规范检查"，弹出对话框如图 2-66 所示。

1. 操作流程

(1)在路线数据获取区域选择提取线形信息的方式。

如果选择的是 ◉从路线数据文件，则点击[浏览...]按钮，选择文件或者输入线形文件，对话框初始化时默认显示主桩号对应的文件。

如果选择的是 ◎从图面，则在选择以后对话框立即隐藏，命令行提示：

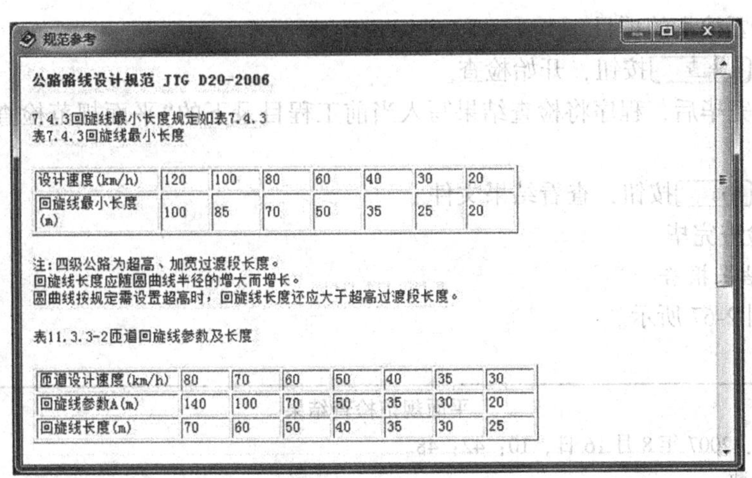

图 2-65　规范参考

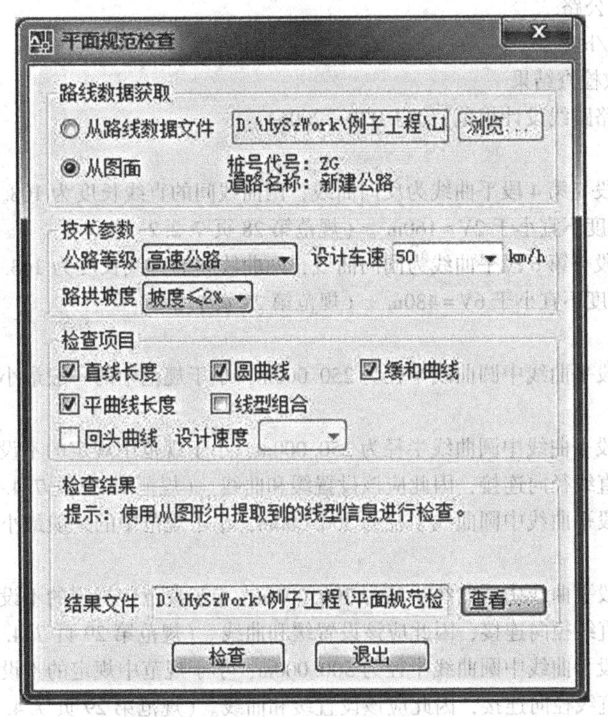

图 2-66　平面规范检查

回车主道路/点取道路中心线：

此时如果回车，则自动搜索并提取出主桩号对应的道路线型信息；如果点取道路中心线，就会提取所选择的中心线线型信息。

选择完毕，提取扩展数据中的公路等级和设计车速，并将数值赋给对话框，之后返回对话框。

(2)选择公路等级、输入设计车速。

(3)选择要检查的项目。

(4)点击[检查]按钮，开始检查。

(5)检查完毕后，程序将检查结果写入当前工程目录下的“平面规范检查结果.txt”文件中。

(6)点击[查看...]按钮，查看结果文件。

至此，检查完毕。

2. 检查结果报告

示例如图 2-67 所示。

平面规范检查结果

检查时间：2007 年 8 月 16 日，10：42：48。

1. 道路参数

桩号代号：NNPP

道路名称：2

道路等级：高速公路

设计车速：80km/h

2. 平面线型参数检查结果

设计规范：《公路路线设计规范》(JTJ D20—2006)。

直线部分：

(1)提示：第 2 段与第 4 段平曲线为反向曲线，两曲线间的直线长度为 108.946m，规范规定，反向曲线间最短直线长度不宜小于 2V=160m 。(规范第 28 页 7.2.2)

(2)提示：第 4 段与第 6 段平曲线为同向曲线，两曲线间的直线长度为 163.691m，规范规定，同向曲线间最短直线长度不宜小于 6V=480m 。(规范第 28 页 7.2.2)

圆曲线部分：

(1)提示：第 2 段平曲线中圆曲线半径为 250.000m，小于规范中的一般最小半径 400.000m 。(规范第 29 页表 7.3.2)

(2)提示：第 2 段平曲线中圆曲线半径为 250.000m，小于规范中规定的不设超高圆曲线最小半径 2500.000m，由于与直线径向连接，因此应该设置缓和曲线。(规范第 29 页 7.4.1 以及 表 7.4.1)

(3)提示：第 4 段平曲线中圆曲线半径为 300.000m，小于规范中的一般最小半径 400.000m 。(规范第 29 页表 7.3.2)

(4)提示：第 4 段平曲线中圆曲线半径为 300.000m，小于规范中规定的不设超高圆曲线最小半径 2500.000m，由于与直线径向连接，因此应该设置缓和曲线。(规范第 29 页 7.4.1 以及表 7.4.1)

(5)提示：第 6 段平曲线中圆曲线半径为 500.000m，小于规范中规定的不设超高圆曲线最小半径 2500.000m，由于与直线径向连接，因此应该设置缓和曲线。(规范第 29 页 7.4.1 以及表 7.4.1)

(6)提示：第 8 段平曲线中圆曲线半径为 400.000m，小于规范中规定的不设超高圆曲线最小半径 2500.000m，由于与直线径向连接，因此应该设置缓和曲线。(规范第 29 页 7.4.1 以及表 7.4.1)

缓和曲线部分：

所有缓和曲线单元完全满足规范要求。

平曲线长度部分：

(1)提示：第 2 个平曲线单元的总长度为 178.910m，小于规范规定的平曲线最小长度一般值 400.000m 。(规范第 33 页表 7.8.1)

(2)提示：第 4 个平曲线单元的总长度为 141.749m，小于规范规定的平曲线最小长度一般值 400.000m 。(规范第 33 页表 7.8.1)

(3)警告：第 6 个平曲线单元的总长度为 66.819m，小于规范规定的平曲线最小长度极限值 140.000m 。(规范第 33 页表 7.8.1)

(4)警告：第 8 个平曲线单元的总长度为 65.239m，小于规范规定的平曲线最小长度极限值 140.000m 。(规范第 33 页表 7.8.1)

回头曲线部分：

所有回头曲线指标完全满足规范要求。

线型组合部分：

线型组合完全满足规范要求。

图 2-67　检查结果报告示例

2.4.4　导线法线形设计

导线设计过程中，当有鼠标样式的按钮出现时，表示此值可以通过鼠标拖动来控制其参数。

所有的线形设计对话框中，点击调整视区按钮，会隐藏对话框，使用鼠标或者 AutoCAD 的视区调节工具，将窗口调整到合适位置后，点击鼠标或者按 Esc 键，会重新进入对话框界面，继续进行设计。

导线法分为导线法综合设计、基本型缓和曲线、同向复曲线、凸型曲线、单交点五单元曲线、三单元回头曲线、五单元回头曲线和 S/C 形曲线八种设计形式。

1. 导线法综合设计

将导线法设计综合起来，可显示各类型曲线的曲线信息，重新设计平曲线，生成鸿业交点文件。

单击“导线法综合设计”命令，根据提示选择一根导线或者已有道路中心线，弹出如图 2-68 所示对话框。

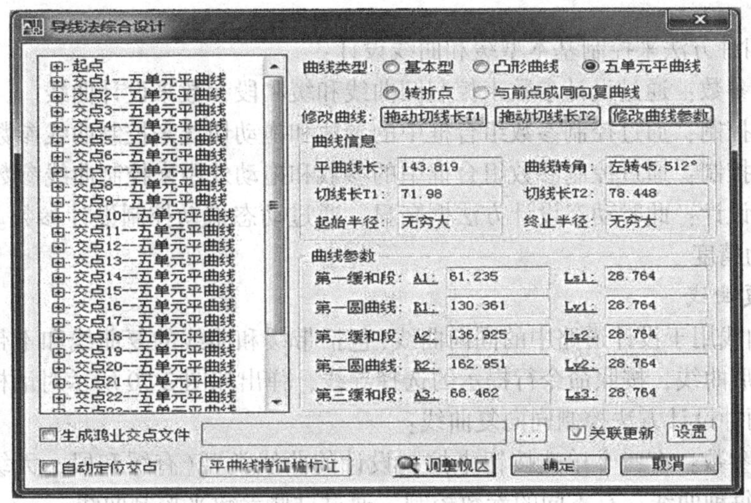

图 2-68　导线法综合设计

对导线法设计的曲线可拖动控制切线长。修改曲线参数时，弹出各类型的设计界面(如基本型曲线弹出基本型缓和曲线设计)，单独修改此曲线段线形。自动定义交点选项，将当前选中的交点移动到视区中间。

2. 基本型缓和曲线

基本型缓和曲线主要用在只有一个曲线单元时的缓和曲线设计，点击“基本型缓和曲线”命令，根据提示，先后点取第一根和第二根直线导线或者选取已设计好的基本型曲线单元，弹出如图 2-69 所示对话框。在这里根据图面的标示输入完相应的数据，点[设计]按钮后，程序自动在图面上绘制出需要的缓和曲线。

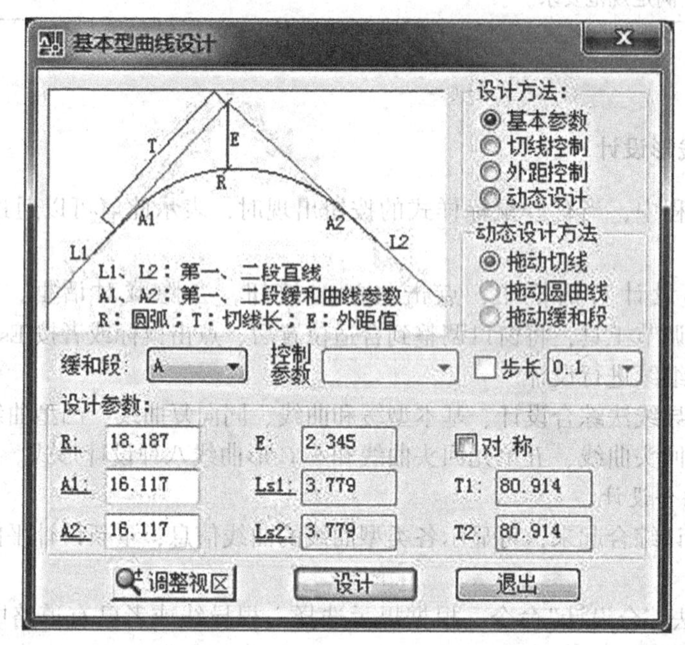

图 2-69 基本型曲线设计

有以下四种方法来控制基本型缓和曲线设计：

(1)基本参数：通过设计参数来控制圆曲线和缓和段参数来设计曲线。

(2)切线控制：通过控制参数组合框中的参数和拖动切线来控制曲线参数。

(3)外距控制：通过控制参数组合框中的参数和拖动外距来控制曲线参数。

(4)动态设计：此时动态设计方法框亮显，通过动态拖动控制设计参数。还可以选择步长控制拖动精度。

3. 同向复曲线

同向复曲线用于设计道路中的同向曲线(包括带缓和曲线的复曲线和不带缓和曲线的复曲线)和卵形曲线，按照命令行提示的选择导线，弹出如图 2-70 所示对话框。

有以下两种设计方法控制同向复曲线：

(1)基本参数：有三个单选按钮来控制设计的曲线类型(有缓和段、无缓和段、卵形曲线)，对于每种曲线，有不同的参数控制，通过这些参数来控制曲线。

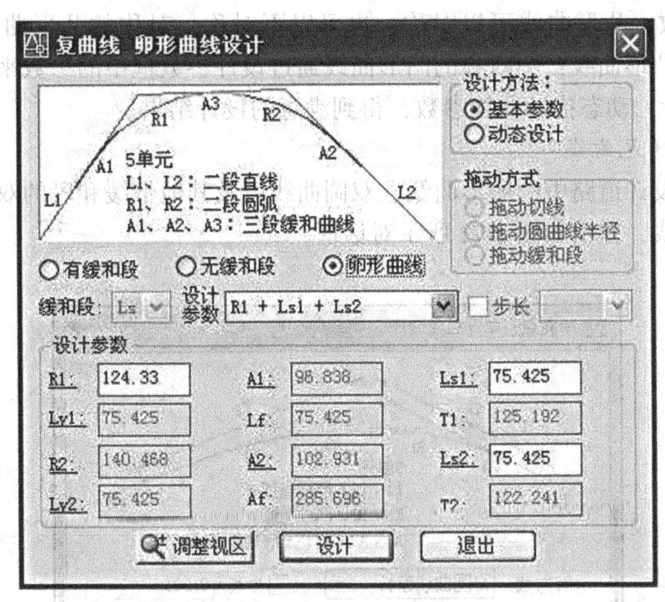

图 2-70 复曲线、卵形曲线设计

(2) 动态设计：动态拖动曲线参数(动态拖动复曲线时，只能控制在本类型，不可以在三种类型之间切换)。

4. 凸形曲线

该命令主要用于设计出一段完全由两段缓和曲线构成的弯道。这两段缓和曲线可以是对称的，也可以是不对称的。按照命令行提示选择导线，弹出如图 2-71 所示对话框。

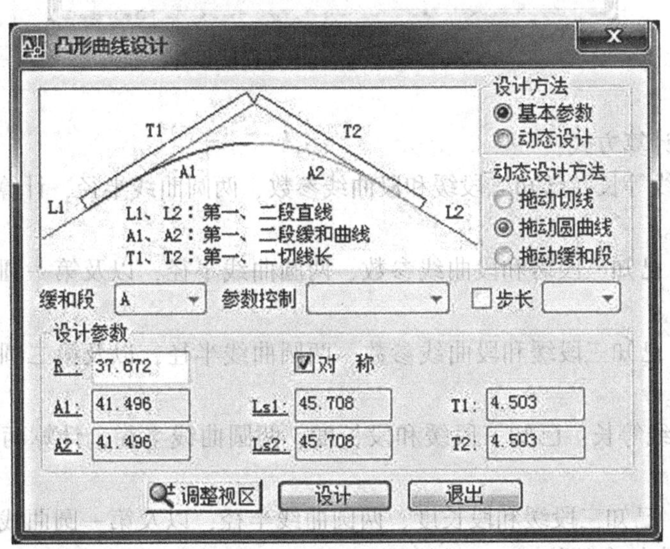

图 2-71 凸形曲线设计

有以下两种设计方法控制凸形曲线：

(1)基本参数：凸形曲线可以对称，也可以不对称，对称的凸形曲线，只用控制半径，就可以控制凸形曲线；不对称的凸形曲线通过设计参数框中的参数来控制。

(2)动态设计：动态拖动曲线参数，得到满意的设计结果。

5. 单交点五单元曲线

该命令用于设计道路中的卵形曲线、双圆曲线以及其他带缓和段的双圆曲线，按照命令行提示选择导线，弹出如图 2-72 所示对话框。

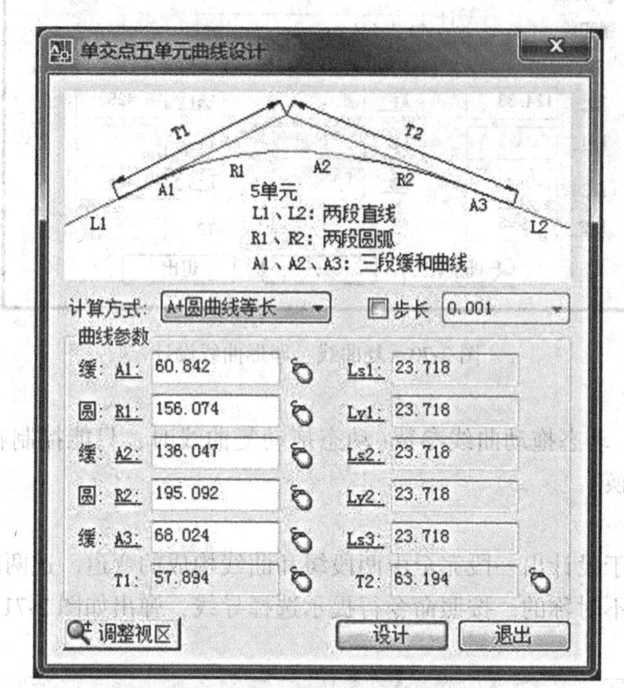

图 2-72 单交点五单元曲线设计

有以下几种计算方式：

(1)A+圆曲线等长：已知三段缓和段曲线参数、两圆曲线半径，计算两圆等长情况下其他未知参数值。

(2)A+Ly1：已知三段缓和段曲线参数、两圆曲线半径，以及第一圆曲线长度，计算其他未知参数值。

(3)A+Ly2：已知三段缓和段曲线参数、两圆曲线半径，以及第二圆曲线长度，计算其他未知参数值。

(4)Ls+圆曲线等长：已知三段缓和段长度、两圆曲线半径，计算两圆等长情况下其他未知参数值。

(5)Ls+Ly1：已知三段缓和段长度、两圆曲线半径，以及第一圆曲线长度，计算两圆等长情况下其他未知参数值。

(6)Ls+Ly2：已知三段缓和段长度、两圆曲线半径，以及第二圆曲线长度，计算两圆等长情况下其他未知参数值。

6. 三单元回头曲线

回头曲线是连接上下两条路的一种特殊平曲线，其特点是半径小、偏角大(大于180°)，其交点多为虚交，因此，回头曲线实质上属于交点虚交的曲线。

命令行提示：

请选择圆弧、缓和曲线或第一根导线<回车退出>：

请选择第二根导线<回车退出>：

按照命令行提示选择导线或者已经设计好的回头曲线，弹出如图 2-73 所示对话框。

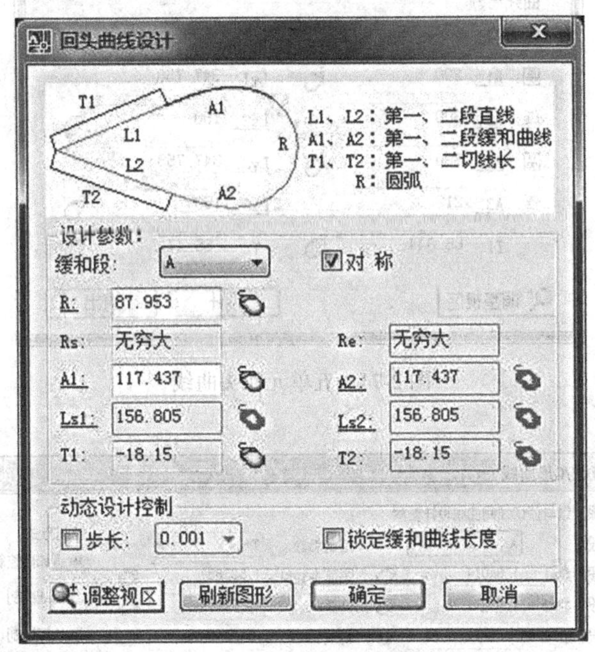

图 2-73　回头曲线设计

可以输入或者动态拖动圆弧的半径、回旋线的参数或者长度、回头曲线的切线长。该选项仅用于拖动或直接修改圆曲线半径 R 时锁定缓和曲线长度，拖动或修改其他参数时，该选项不起作用。

7. 五单元回头曲线

按照命令行提示选择导线或者已经设计好的五单元回头曲线，弹出如图 2-74 所示对话框。

8. S/C 形曲线

该命令用于在两个连续的反向弯道之间布置 S 形或在两个同向的连续弯道之间 C 形曲线。可选择连续弯道的三根导线设计，也可支持曲线的二次设计。如图 2-75 所示。

S/C 形曲线设计有以下三种设计方法：

(1)缓和段控制：通过控制缓和段来拖动改变 S/C 形曲线。

(2)切线控制：通过控制参数组合框中的参数和拖动切线来控制曲线参数。

(3)外距控制：通过控制参数组合框中的参数和拖动外距来控制曲线参数。

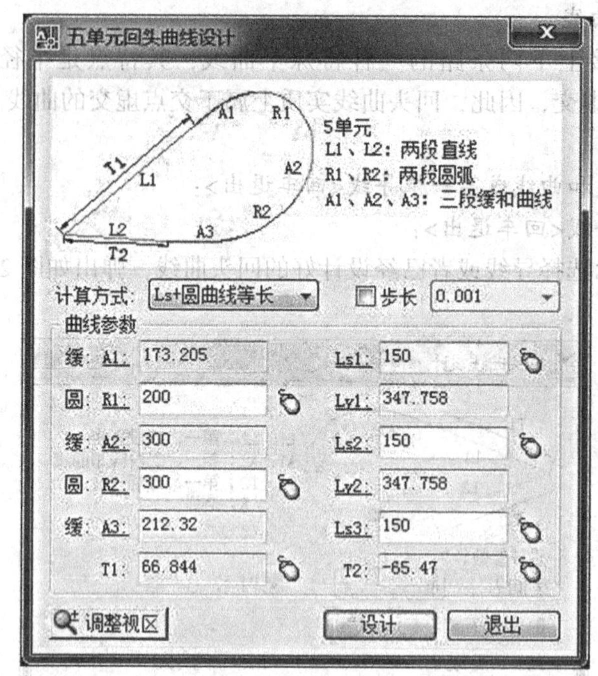

图 2-74　五单元回头曲线

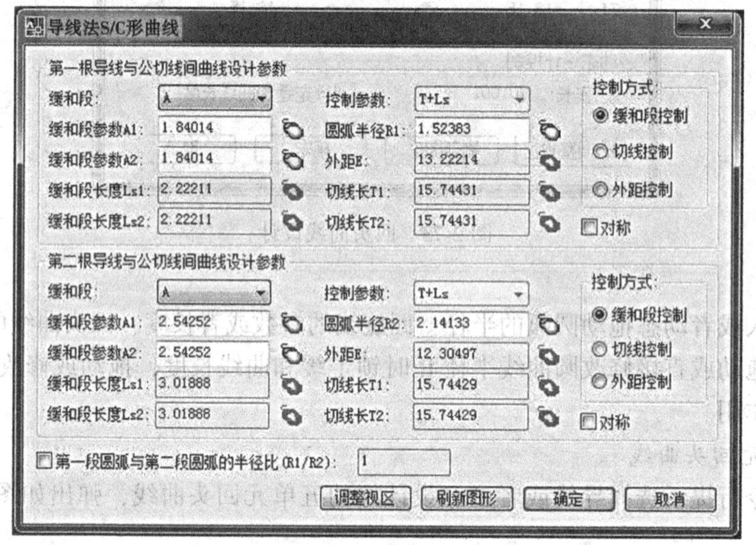

图 2-75　导线法 S/C 形曲线

设计参数调整完毕后，点击“确定”即可生成设计线形。

2.4.5　曲线法设计

1. 直圆型缓和段

用于一根直导线和一个圆或者是弧相切时的设计。如图 2-76 所示。

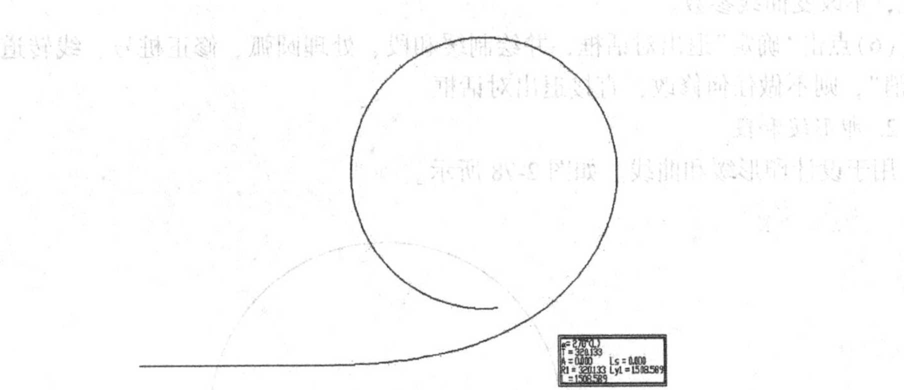

图 2-76　直圆型缓和段设计

命令行交互：

>>请选择一条直线：<回车>退出，选择直线。

>>请选择一个弧或圆：<回车>退出，选择圆或者弧。

弹出如图 2-77 所示对话框。

图 2-77　曲线法设计直圆缓和曲线

对话框说明：

(1) 可以选择已完成设计的缓和段进行二次设计；

(2) 如果选择的导线某一段已转成道路，则设计完成后，将所有圆弧和缓和段都转成道路；

(3) 点击“刷新图形”，根据输入的参数绘制缓和段，刷新图形；

(4) 可以直接输入或者动态拖动缓和曲线的参数和长度，程序根据下面的“移动圆”“移动直线”选项，来反算圆或直线的位置；

(5) 选取“锁定曲线参数”选项，锁定当前的设计成果，再进行设计时，只改变曲线的位置，不改变曲线参数。

(6)点击“确定”退出对话框，并绘制缓和段、处理圆弧、修正桩号、线转道路；点击“取消”，则不做任何修改，直接退出对话框。

2. 卵形缓和段

用于设计卵形缓和曲线。如图 2-78 所示。

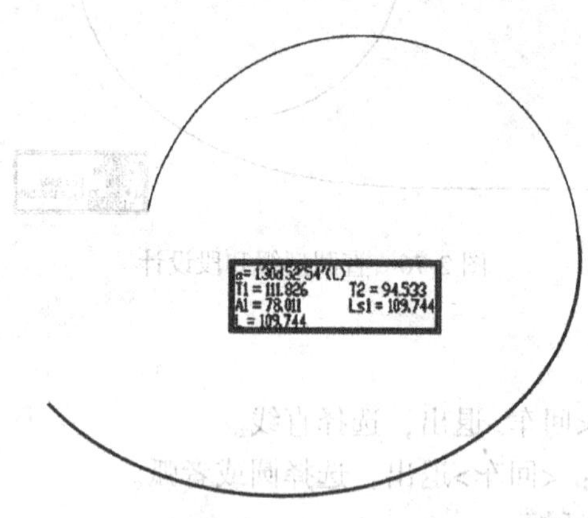

图 2-78　卵形缓和曲线

命令行提示：

>>请选择一个弧或圆：<回车>退出。

>>请选择另一个弧或圆：<回车>退出。

对话框如图 2-79 所示。

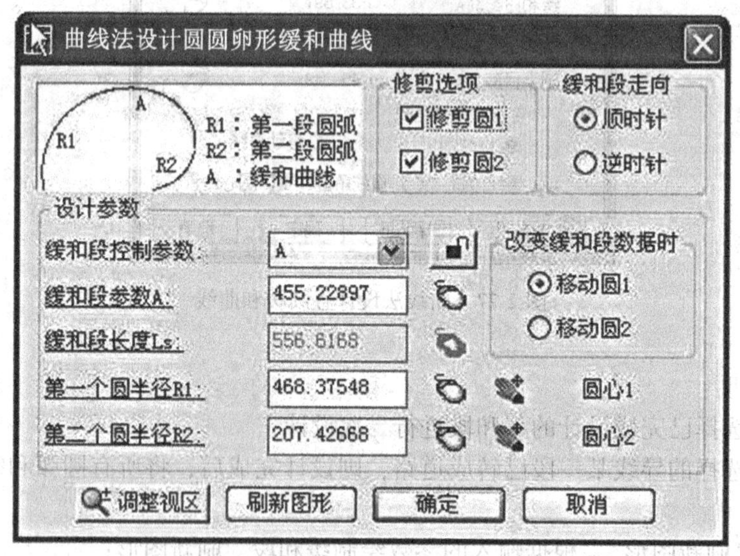

图 2-79　曲线法设计圆圆卵形缓和曲线

对话框说明：

(1) 可以选择已完成设计的缓和段进行二次设计；

(2) 如果选择的导线某一段已转成道路，则设计完成后，将所有圆弧和缓和段都转成道路；

(3) 点击“刷新图形”按钮，根据输入的参数绘制缓和段，刷新图形；

(4) 可以直接输入或者动态拖动缓和曲线的参数和长度，程序根据右边的“移动圆 1”“移动圆 2”选项，来反算圆的位置；

(5) 选取“锁定曲线参数”选项，锁定当前的设计成果，再进行设计时，只改变曲线的位置，不改变曲线参数。

(6) 点击“确定”，退出对话框，并绘制缓和段、处理圆弧、修正桩号、线转道路；点击“取消”，则不做任何修改，直接退出对话框。

(7) 当两圆相离或相交时，转为 C 形曲线，此时 C 形曲线 Ls1/Ls2 = 1；当两圆相含时，再转为卵形曲线。

3. S 形缓和段

用于 S 形缓和曲线的设计。如图 2-80 所示。

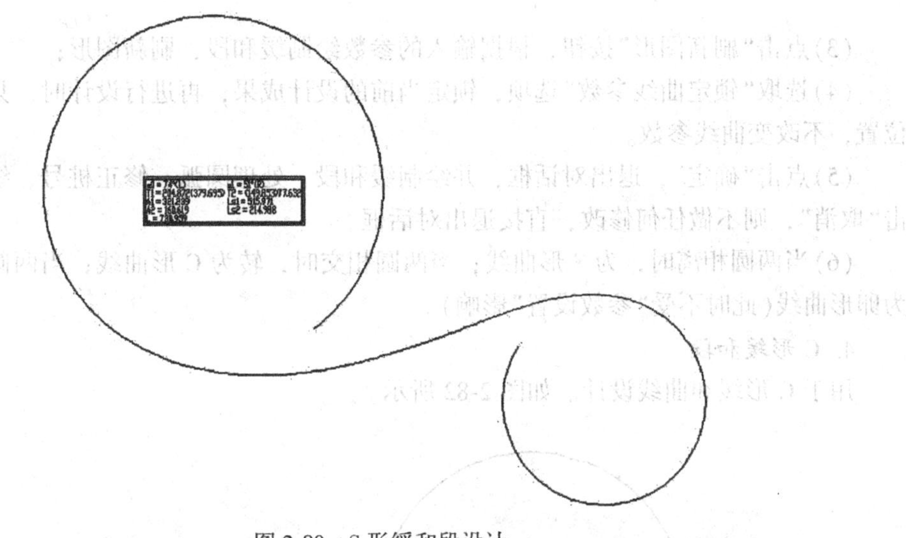

图 2-80　S 形缓和段设计

命令行交互：

>>请选择一个弧或圆：<回车>退出。

>>请选择另一个弧或圆：<回车>退出。

对话框如图 2-81 所示。

对话框说明：

(1) 可以选择已完成设计的缓和段进行二次设计；

(2) 如果选择的导线某一段已转成道路，则设计完成后将所有圆弧和缓和段都转成道路；

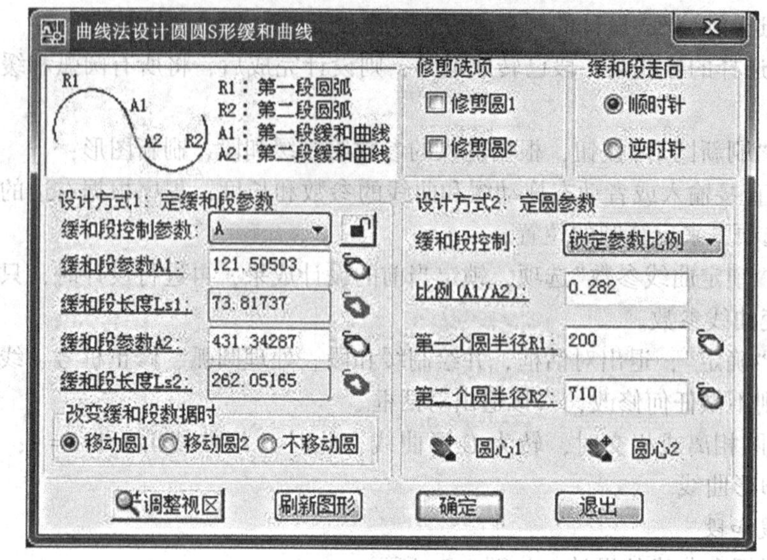

图 2-81　曲线法设计圆圆 S 形缓和曲线

(3)点击“刷新图形”按钮，根据输入的参数绘制缓和段，刷新图形；

(4)选取“锁定曲线参数”选项，锁定当前的设计成果，再进行设计时，只改变曲线的位置，不改变曲线参数。

(5)点击“确定”，退出对话框，并绘制缓和段、处理圆弧、修正桩号、线转道路；点击“取消”，则不做任何修改，直接退出对话框。

(6)当两圆相离时，为 S 形曲线；当两圆相交时，转为 C 形曲线；当两圆相含时，转为卵形曲线(此时不受“参数设置”影响)。

4. C 形缓和段

用于 C 形缓和曲线设计。如图 2-82 所示。

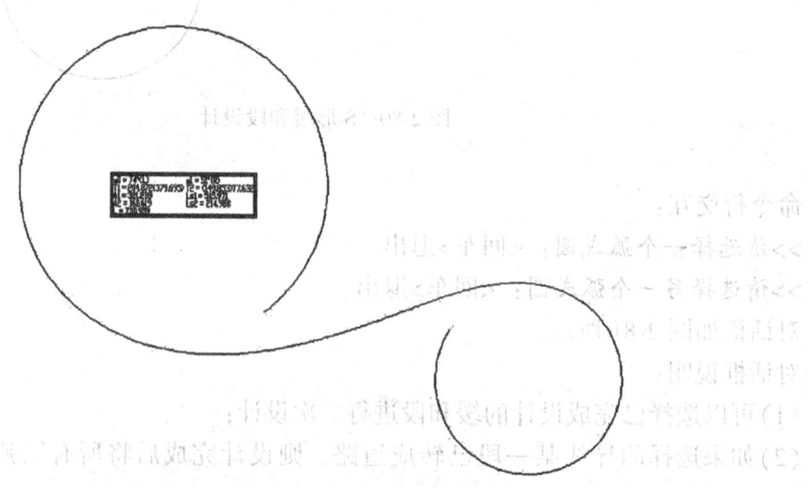

图 2-82　C 形缓和段

命令行交互：

>>请选择一个弧或圆：<回车>退出。

>>请选择另一个弧或圆：<回车>退出。

对话框如图 2-83 所示。

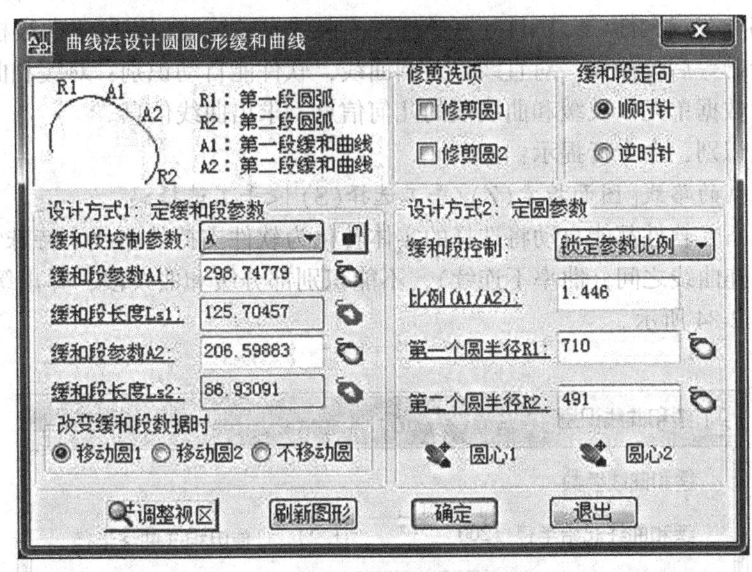

图 2-83　曲线法设计圆圆 C 形缓和曲线

设计 C 形曲线，当两圆相离或者相交时，为 C 形曲线；当两圆相含时，转为卵形曲线(此时不受“参数设置”影响)。其他特性与 S 形曲线相同，请参考 S 形曲线对话框的说明。

2.4.6　曲线合并

曲线合并主要是方便将积木法设计出来的曲线单元合并为一个单元(合并交点)，便于绘制交点和出平曲线表。只能合并软件可以识别的曲线类型(包括基本型、凸型、同向复曲线，复曲线为单交点，不可设计，能绘制交点出表)。

选择“曲线合并”，命令行提示：

回车合并/请选择合并的单圆弧(或缓和曲线段)：

必须选择 2~5 段曲线，然后合并，得到合并后的曲线。

2.4.7　曲线拆分

将导线法或曲线法设计好的曲线，拆分为积木法设计。对曲线法或导线法设计数据，如果删除其中的某一段单元，则曲线数据信息会被破坏，导致后续的绘制平曲线交点，纵断图平曲线栏，平曲线表，路基设计表平曲线栏绘制与实际不符，可用此命令将曲线单元间关系清除。

选择曲线拆分，命令行提示：

请选择圆弧段(或缓和曲线段)：得到的完整平曲线段会高亮显示。

是否拆分选择的曲线<是>：

2.4.8 路线识别

识别由其他软件设计出的路线图形(CAD 实体)，并将其转化为软件支持的实体，从而支持提取鸿业交点文件(*.hjd)导入导出，平曲线参数标注，纵断平曲线栏、路基设计表平曲线栏绘制等后续操作。对直线以及圆曲线，软件能自动识别；对缓和曲线，软件会根据曲线前后数据单元以及缓和曲线段的几何信息，求出曲线信息。

选择路线识别，命令行提示：

选择要识别的路线[图面搜索(Z)/手工选择(S)]<手工选择>：

一般情况下，软件都能自动将选择的实体转化为软件支持的路线。特殊情况下(缓和曲线与前后相连曲线之间，曲率不连续)，不能识别部分缓和曲线段，弹出缓和曲线识别对话框，如图 2-84 所示。

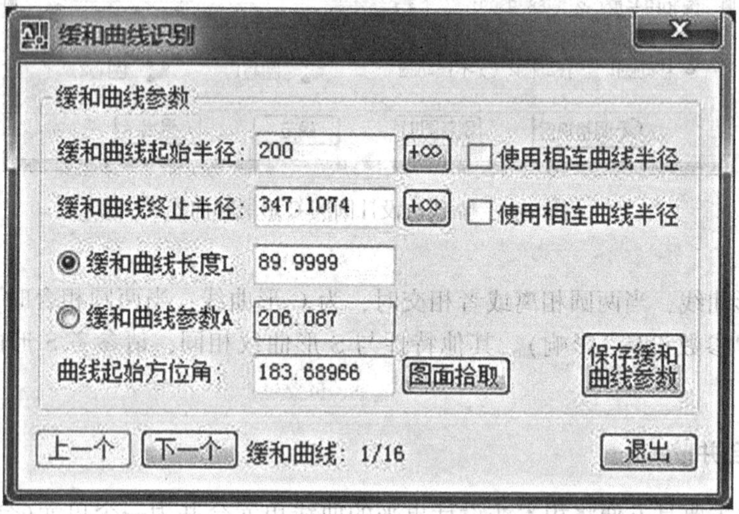

图 2-84 缓和曲线识别

注意：每个缓和段必须为一段单独的多段线。不能识别由多条缓和段或者整条路线(包含缓和段)合并成一条多段线的路线。如果多段线不是缓和段，软件会将多段线炸开，变为简单的直线、圆弧形式。

2.4.9 修改缓和曲线参数

修改软件设计的积木法数据单元，或通过线形识别得到的缓和曲线参数。

选择修改修改曲线参数，命令行提示：

请选择要修改参数的缓和曲线：

弹出“修改缓和曲线参数”对话框，如图 2-85 所示。

注意：不能修改导线法设计生成的缓和段的曲线参数。

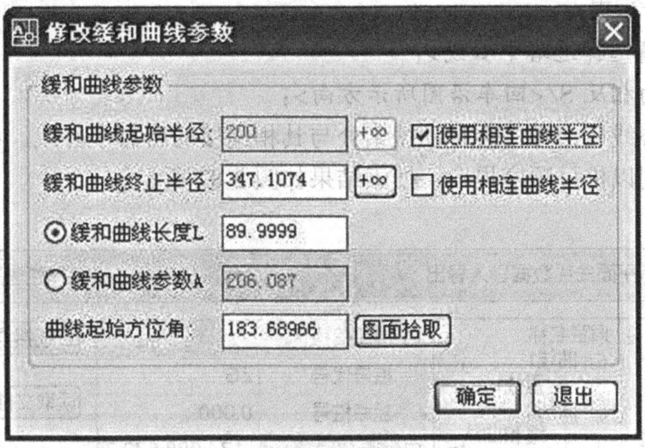

图 2-85 修改缓和曲线参数

2.4.10 平面曲线数据导入导出

该功能提供平面线型图形和平面曲线数据文件之间的转换。支持的平面线型图形：软件可识别的线型。

支持的数据文件包括几种格式：鸿业交点文件(.HJD)、积木法设计文件(.ICD)、EICAD 交点文件(.JD)、DICAD Pro 交点文件(.JD)、纬地交点文件(.JD)、纬地平面文件(.PM)、LandXML 文件(.XML)、Roadleader 路线文件(.ALMT)。

可完成：导入规定格式的平面数据文件，根据已知软件线形生成平面数据文件。

点击："线型→自动定线"命令，出现如图 2-86 所示界面。

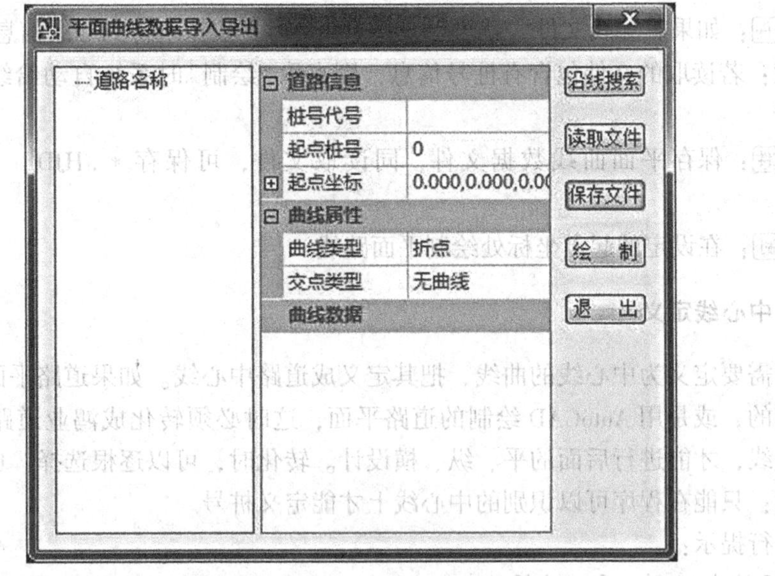

图 2-86 平面曲线数据导入导出

界面操作如下：

沿线搜索：命令行提示：

回车退出/<请选择道路中心线>：

与图所示方向相反 S/<回车沿图所示方向>：

选择道路中心线后，程序会自动搜索处与其相连接的所有中心线，如果所选择的道路已经定义过桩号则以桩号顺序提取。搜索结果如图 2-87 所示。

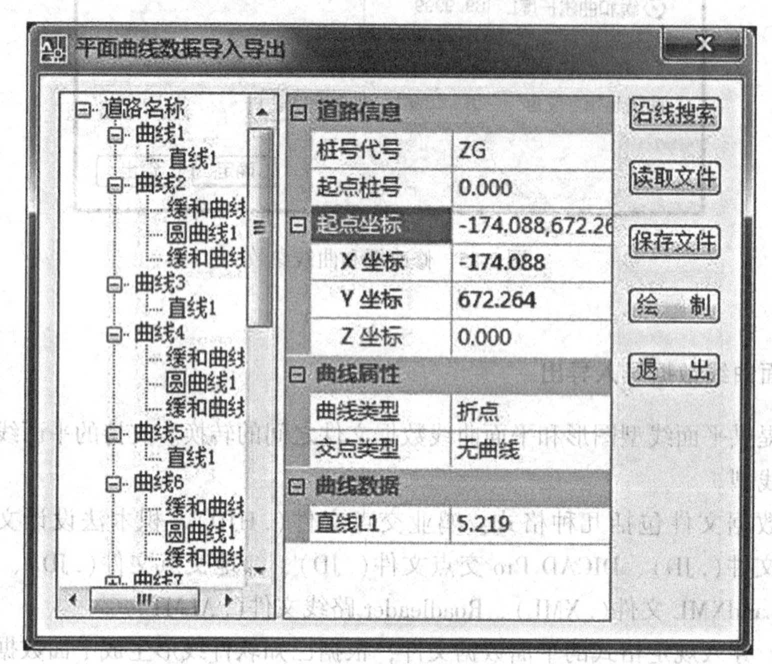

图 2-87 沿线搜索

读取文件：如果有导线文件，就可以直接点击读取文件按钮来得到导线信息。

注意：若读取的文件包含有桩号信息，则点取“绘制”时系统自动给绘制的路线定义好桩号。

保存文件：保存平面曲线数据文件，同读取文件，可保存 *.HJD、*.ICD、*.JD 格式。

绘 制：在设定的起点坐标处绘制平面路线。

2.4.11 中心线定义

选择需要定义为中心线的曲线，把其定义成道路中心线。如果道路平面是用其他专业软件绘制的，或是用 AutoCAD 绘制的道路平面，这时必须转化成鸿业道路软件可识别的道路中心线，才能进行后面的平、纵、横设计。转化时，可以逐根选择，也可以框选。

注意：只能在程序可以识别的中心线上才能定义桩号。

命令行提示：

z 图面搜索/回车<手工选择>：

输入 z，命令行提示：

请选择搜索实体：程序自动搜索和所选实体相连的所有实体并将其转化为中心线。

回车手工选择，命令行提示：

请选择需定义的导线：选择需要转化为中心线的实体。

2.4.12　桩号

1. 定义桩号

桩号：直观地讲，就是道路中心线的长度。作用就是准确地标示出道路上的某一位置。软件要求同一桩号序列在图面上必须是连续的。

桩号代号：是桩号序列的标识。既然是标识，就应具有唯一性，也就是说，同一工程中某一桩号代号仅能对应于一条连续的中心线。另外，桩号代号关系到对应道路相关的中间数据文件及成果文件的文件名（桩号代号和文件名对应，会省去很多不必要的麻烦）。中心线的相关信息记录于其扩展数据中（随图）。

鉴于以上原因，为了保证桩号代号在同一工程中的唯一性，在设计过程中，尽量不要拷贝、复制已经定义过桩号的道路中心线。如果必须拷贝的话，一定要在拷贝后用“平面→实体数据取消”命令清除其桩号信息。

单击：“平面→定义桩号”，命令行提示：

回车退出/选择要定义桩号的道路中心线：选择要定义桩号的道路中心线，如果选择的中心线已经定义过桩号了，软件会询问是否取消现有的桩号定义。

回车退出/设定捕捉 O/点取桩号基点：确定桩号的起始位置。

起始桩号<0.0>：

桩号沿图中箭头所示方向：减小 S/<回车增加>：桩号方向。

回车后弹出“桩号代号输入”窗口，如图 2-88 所示。

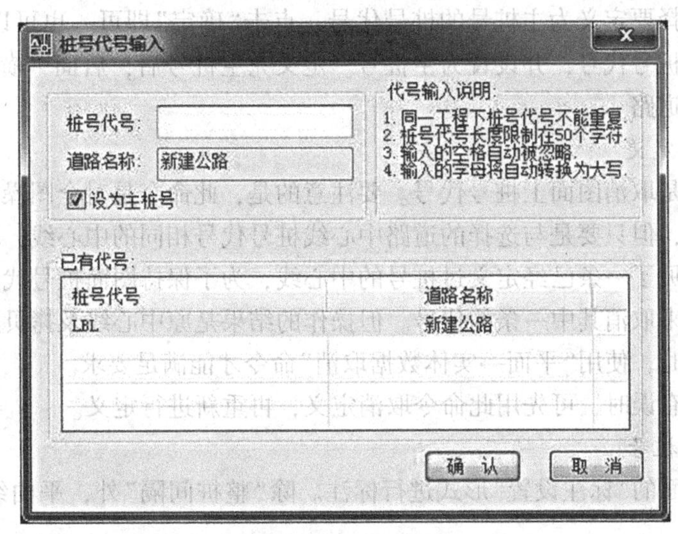

图 2-88　桩号代号输入

注意：桩号代号的设置是为了便于对同一图面上多条道路的管理。

桩号代号和道路名称要设定好，后面的设计过程中产生的标高文件等数据文件会与桩号代号对应，若不对应则会出现错误。

选中“设为主桩号”，可直接把当前定义的桩号设置为系统的当前操作桩号。

2. 定义主桩号

在进行城市道路设计时，往往在同一工程下同时存在数条道路。为了标示当前状态下设计的是哪一条道路而引进了“主桩号”的概念。所谓主桩号，即是当前设计道路的桩号。也就是说，在同一工程中的不同设计阶段，主桩号可能不同。当然，如果工程中仅有唯一的桩号代号，那就无所谓主桩了。

单击：“平面→定义主桩号”，弹出“定义主桩线”窗口，如图 2-89 所示。

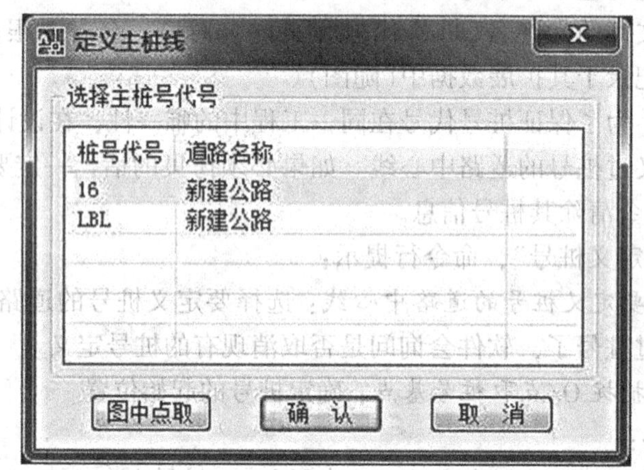

图 2-89　定义主桩线

从列表中选择要定义为主桩号的桩号代号，点击“确定”即可。也可以点击 图中点取 按钮，从图面提取桩号代号，并设置为主桩号。定义完主桩号后，后面“横断”“纵断”等操作都是针对这条道路。

3. 取消桩号定义

此命令功能是取消图面上桩号代号。要注意的是，此命令是对全图操作。虽然提示的是选择道路中线，但只要是与选择的道路中心线桩号代号相同的中心线，均被取消定义。

比如，已拷贝了一条已经定义过桩号的中心线，为了保持图面桩号代号的唯一性，我们打算用此命令来取消其中一条的代号。但操作的结果是原中心线及拷贝后的中心线均被取消了代号。此时，使用“平面→实体数据取消”命令才能满足要求。

当桩号定义有误时，可先用此命令取消定义，再重新进行定义。

4. 自动标注桩号

程序按照前面的“标注设置”形式进行标注。除“整桩间隔”外，平曲线的特征点也同时标出。

5. 输入标注桩号

单击：“桩号→输入标注桩号”，命令行提示：

回车退出/输入要标注的桩号(＊＊＊－－＊＊＊)：

输入要标注的桩号值，输完回车，程序自动在图面上找到此桩，并标注此点桩号。

6. 点取标注桩号

单击："桩号→点取标注桩号"，命令行提示：

回车退出/设定捕捉 O/点取桩号标注点：

在图面上点取要标注桩号的点，程序自动在中心线上找到对应的点，并且标注出此点的桩号。

7. 清除桩号代号

图面上定义过桩号的道路，有时可能因不再需要而从图面上将其删除，但其对应的桩号代号仍然存在，这时可以用此命令删除其桩号代号。

单击："桩号→清除桩号代号"，弹出"清除桩号代号"窗口，如图 2-90 所示。

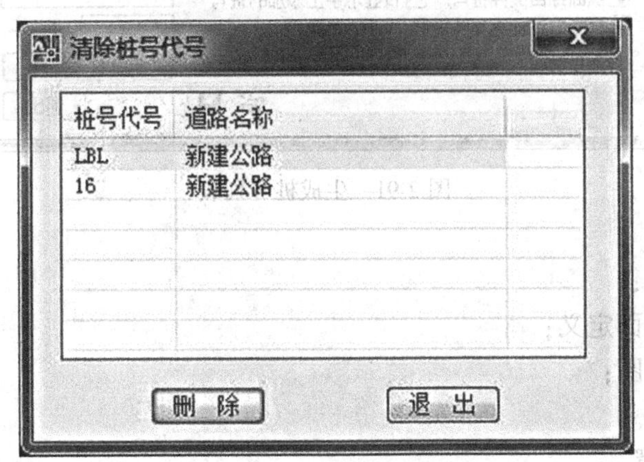

图 2-90　清除桩号代号

选中要删除的桩号代号，点[删除]按钮即可。

此命令与"取消桩号定义"完全不同，它用来清除工程中记录的桩号代号。有些时候，图面上已经没有某一代号的道路了，但在工程中还记录有此信息，比如删除了图面某一条已经定义过桩号的道路后就会产生这种情况。

注意：此命令只是用来清除工程中记录的代号，和图面是没有关系的。无论图面有无某一代号的道路存在，均可用此命令来清除其记录。如果出现误操作的情况，则可以通过"定义主桩号"中的按钮选择中线后恢复记录，不必重新定义。

8. 生成桩号列表

依据已经生成的中桩平曲线数据生成桩号列表，并可保存为桩号文件，供其他设计环节使用。

单击："平面→生成桩号列表"，弹出"生成桩号列表"窗口，如图 2-91 所示。

从桩号选线复选框中选择需要添加的特殊桩，桩号会自动添加到右侧列表中。如果需要，可以在复选框下侧手动添加桩号。选中"整装间距"复选框，可以手动设置普通桩间距。单击按钮保存桩号数据。

可以使用桩号列表的地方有：

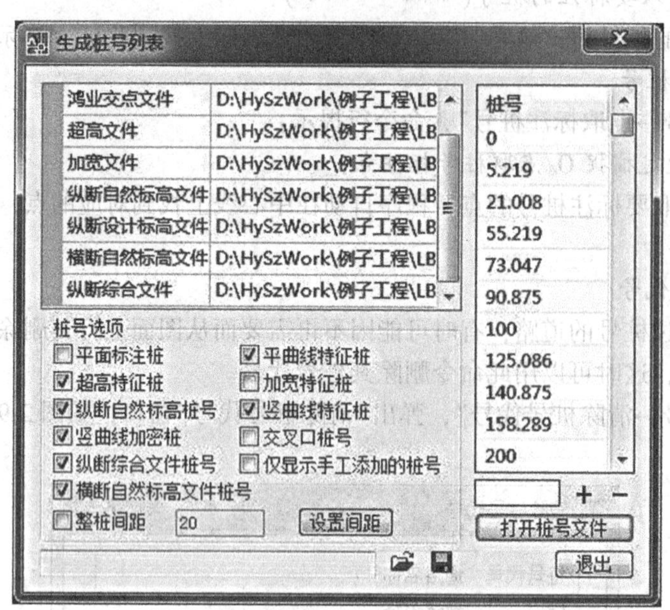

图 2-91　生成桩号列表

(1)纵断面绘制；

(2)标准土方断面定义；

(3)横断计算绘图；

(4)逐桩坐标表。

9. 桩号标注设置

单击："平面→桩号标注设置"，弹出"桩号设置"窗口，如图 2-92 所示。

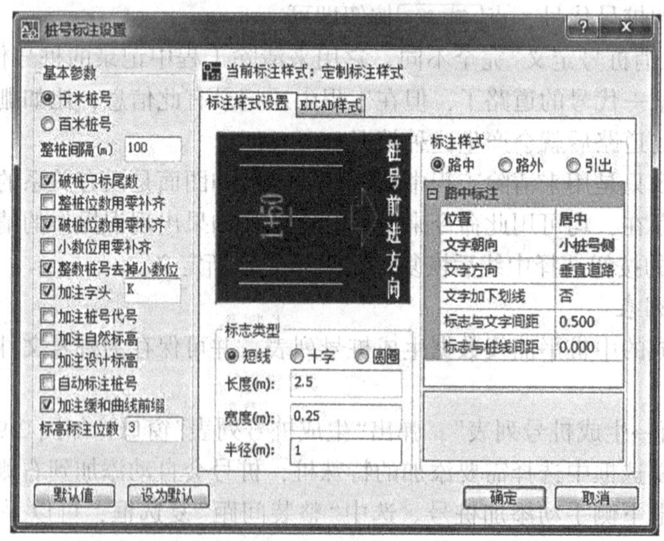

图 2-92　桩号标注设置

注意：(1)破桩即非整桩，即“+”号后不是 0，如设为千米桩号时，1+050 等；

(2)当选择加注自然、设计标高时，程序会将其标注在标注短线下，括号内的是自然标高。

(3)在“基本参数”栏中设定的“整桩间隔”将作为以后“横断提取自然标高”“逐桩坐标表”等的依据。如将“整桩间隔”设置为 50，则在后面的“横断→地形图提取自然标高”中每隔 50 米提一处，“表类—逐桩坐标表”中的间隔同为 50 米。

(4)选中“自动标注桩号”复选框，在定义过桩号后，软件会自动对刚定义过桩号的道路进行桩号标注。

(5)选中“加注缓和曲线前缀”复选框，平曲线特征点桩号标注前缀，如图 2-93 所示。

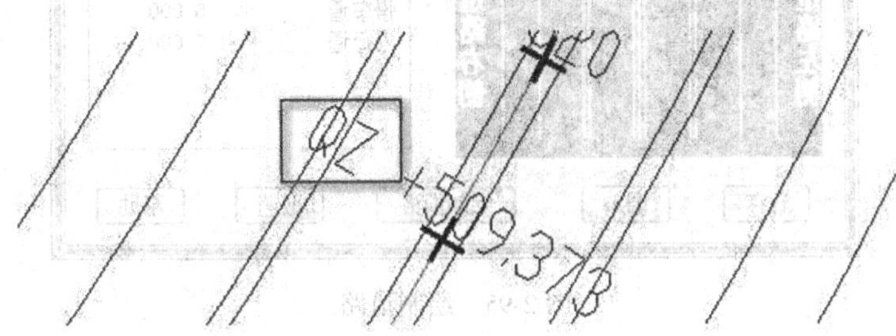

图 2-93　桩号标注

(6)选“标注样式设置”，可以根据自己的设计习惯来选择定制。

10. 征点标注设置

使用此命令设置软件中平曲线特征点字符代号。单击“平面→桩号→特征点标注设置”，弹出“特征点标注字符设置”窗口，如图 2-94 所示。

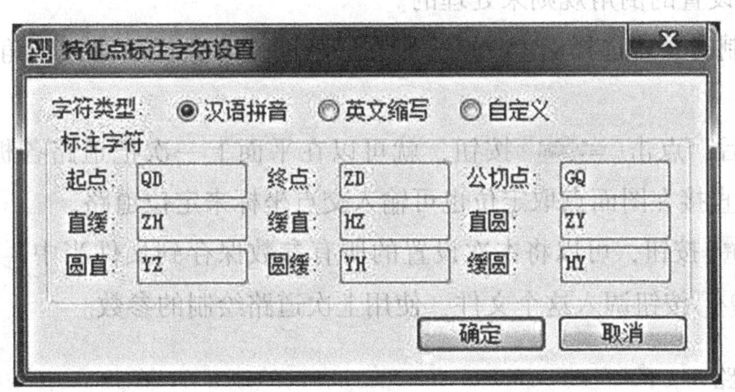

图 2-94　特征点标注字符设置

2.4.13　道路绘制

单击：“平面→道路绘制”，弹出“道路绘制”窗口，如图 2-95 所示。

绘制过程如下：

(1)选择或者自定义板块类型：道路绘制可以选择标准板块类型绘制，也可以任意定

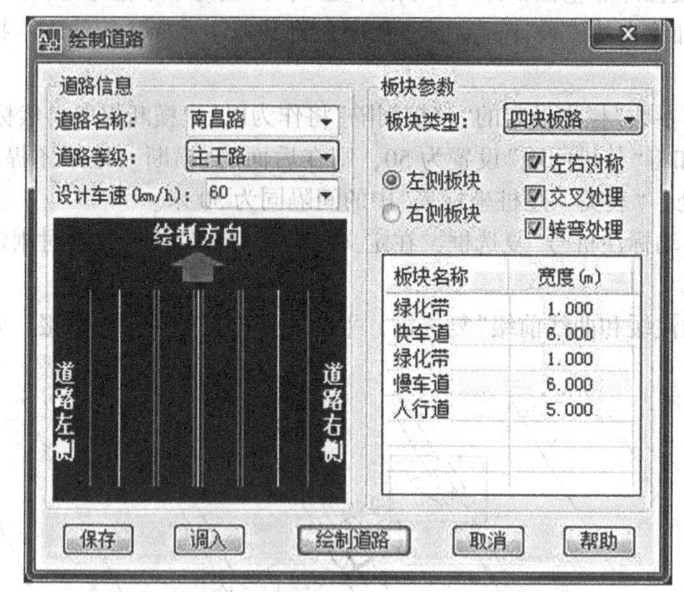

图 2-95 绘制道路

义板块内容。左右板块不对称时，取消☐左右对称前对钩，然后分别设置左右板块的参数。当需要绘制非标准板块类型道路时，在板块列表区“板块名称”上单击鼠标右键，即可弹出编辑菜单。需要修改板块类型的，在相应“板块名称”上单击左键即可。

(2)输入道路名称、设计车速，选择道路等级。设计车速影响后续的超高加宽计算。

(3)道路绘制时，若选择☑交叉处理，则道路相交时程序可自动处理，缘石半径是根据前面倒角设置时设置的倒角规则来处理的。

(4)道路绘制时，若选择☑转弯处理，则在转弯的地方会提示输入倒角半径，并自动进行倒角。

(5)设置好后，点击绘制道路按钮，就可以在平面上一次把道路各板块都绘制出来。在绘制时，可以直接在图面点取定位也可输入交点坐标来定位道路。

(6)点击保存按钮，可以将本次设置的所有参数保存到文件当中，下次打开对话框时，可以使用调入按钮调入这个文件，使用上次道路绘制的参数。

2.4.14 线转道路

单击：“平面→线转道路”，命令行提示：

请选择要作为道路中心线的实体：

如果选择的中心线已经定义过桩号则直接弹出对话框，如果没有定义过桩号，则有如下提示：

是否对连续部分线转道路 N/<Y>：<Y>：

程序从选择集中寻找出一组连续的中心线，并将它们的颜色变成红色。

选择完实体弹出“线转道路”窗口，如图 2-96 所示。

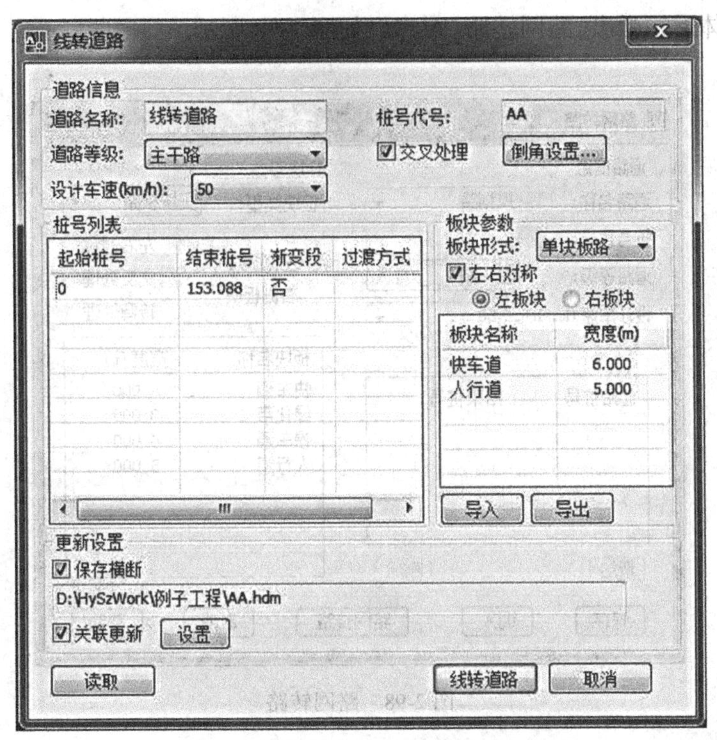

图 2-96　线转道路

2.4.15　路网线转路

路网线转路类似于“线转道路”，区别在于，“线转道路” 要求选中的实体必须连续，而“路网线转路”则可以任意选择连续或者不连续的实体。如图 2-97 所示。

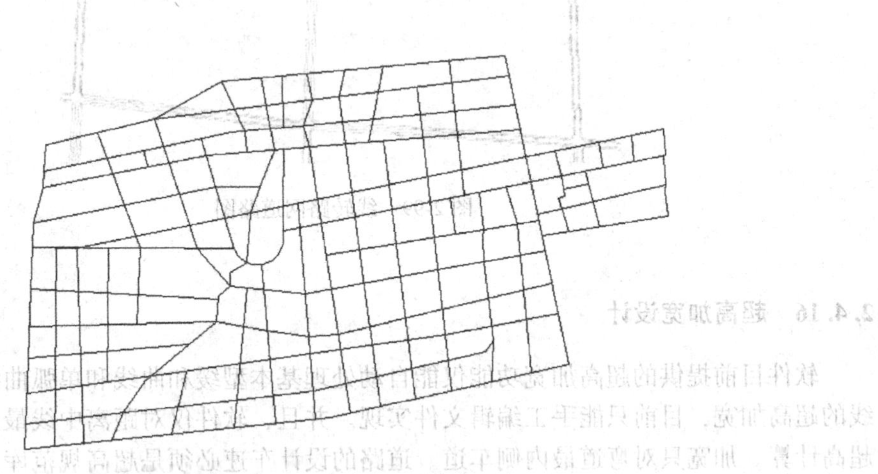

图 2-97　路网线转路

单击："平面→路网线转路"，命令行提示：

选择线转道路路网：

选择完实体后，弹出"路网转路"窗口，如图 2-98 所示。

图 2-98 路网转路

单击 路网转路 按钮，程序自动将选中的所有实体转成道路，如图 2-99 所示。

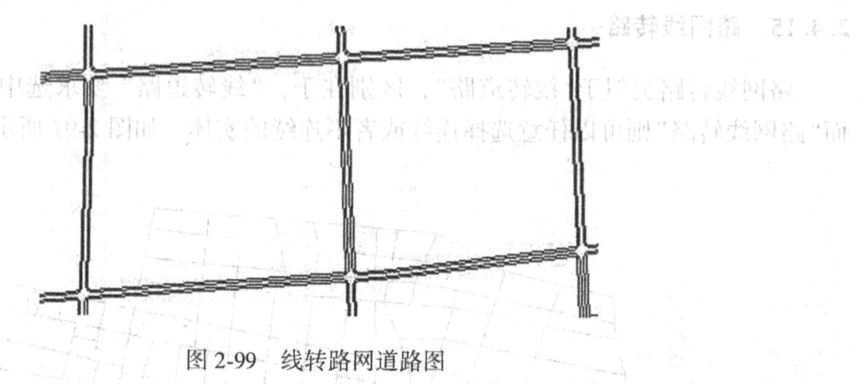

图 2-99 线转路网道路图

2.4.16 超高加宽设计

软件目前提供的超高加宽功能仅能自动处理基本型缓和曲线和单弧曲线。而对于复曲线的超高加宽，目前只能手工编辑文件实现。并且，软件仅对距离中线最近的行车道进行超高计算。加宽只对弯道最内侧车道。道路的设计车速必须是超高规范库所包含的，否则就必须扩充。

单击："平面→超高加宽"，出现如图 2-100 所示界面。

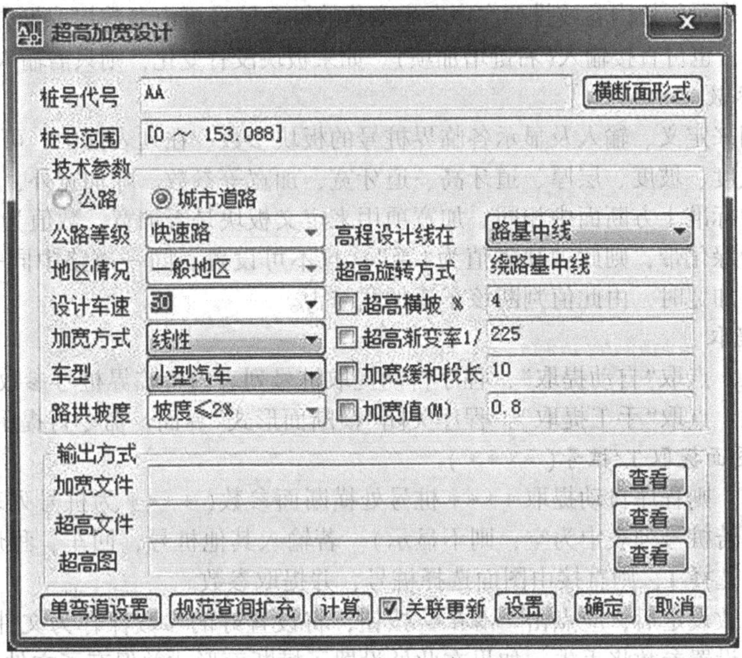

图 2-100　超高加宽设计

此界面包括横断面形式、技术参数、单弯道设置、规范查询扩充、输出文件几个部分。在计算前，首先要确定道路的横断面形式。

1. 横断面参数输入

点击[横断面形式]按钮，出现定义横断面形式界面，如图 2-101 所示。

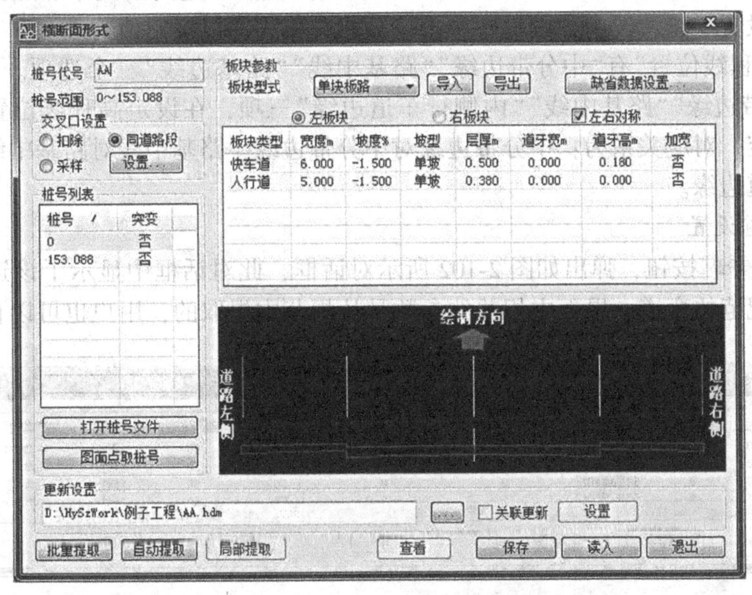

图 2-101　定义各临界桩号的横断面参数

桩号列表：桩号列表框中列出各临界桩号。

临界桩号表示板块内容或排列次序发生变化的桩。桩号可由参数提取框中点击 自动提取 按钮自动填入，也可直接输入(右键增加项)。如果板块没有变化，则只需输入首尾两桩。

2. 板块参数

此区域用来定义、输入及显示各临界桩号的板块参数。在列表框中，可直接选择板块类型，输入宽度、坡度、层厚、道牙高、道牙宽、加宽等参数。除加宽外，其他各项参数性质与老版中标准土方断面中相同。加宽项用来定义板块是否加宽，数值为“是”或“否”。若板块类型为绿化带，则此项缺省值为“否”，且不可设置。同一道路中同一类型板块此值相同。计算加宽时，由此值判断该车道加宽与否。

3. 参数提取

自动提取：点取“自动提取”，程序自动提取桩号列表内各临界桩号参数。

手工提取：点取“手工提取”，程序关闭“横断面形式”界面，命令行提示：

退出 E/图面提取 T/桩号(****)

直接回车，则程序自动提取 **** 桩号处横断面参数(**** 为桩号列表中处于激活状态的桩号。若桩号列表中为空，则不显示)。若输入其他桩号，回车，程序提取相应桩号处参数。若选择 T，则直接由图面选择桩号，并提取参数。

提示：参数设定后，应点击 保存 按钮，将设置好的参数保存为文件，然后退出。若不保存，则设置参数将丢失。如果在此处设置了横断面形式并保存了文件，那么在后续的横断设计中则不需要再设置“标准土方断面”。

4. 技术参数输入

技术参数区包括进行超高加宽计算所需的所有基本参数的输入。本程序可对公路、城市道路分别计算。

首先要确定所计算的道路类型(公路还是城市道路)，然后确定公路等级、地区、设计车速、高程设计线位置、超高旋转轴、加宽方式、加宽类型的设置(若选择城市道路，则公路等级、地区情况、加宽类别不可设置)。超高横坡、超高渐变率、加宽渐变率及加宽值为可选设置项，若选中，则程序不再计算相应值，而以设定值为准。

“设计高程线位置”有“中分带边缘”“路基中线”“路基边线”三个选项。“超高旋转方式”有“中分带边缘”“路基中线”“内侧行车道边缘”三项，在设定高程线位置后，超高旋转轴自动确定。对应关系为：中分带边缘对中分带边缘、路基中线对路基中线、路基边线对内侧行车道边缘。

5. 单弯道设置

单击 单弯道设置 按钮，弹出如图 2-102 所示对话框，此对话框中显示了该道路中所有满足超高加宽规范的弯道，界面中相关的参数是从规范中提取的，用户也可以自己修改。

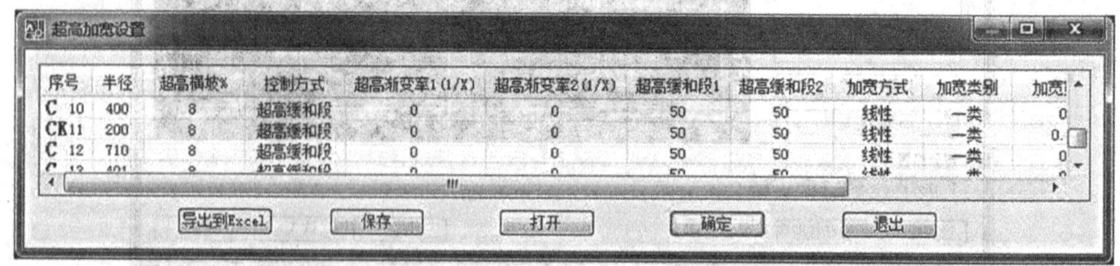

图 2-102 单弯道设置

CK：表示该弯道按照规范既满足超高也满足加宽。

C：表示仅满足超高规范 K 表示仅满足加宽规范

2.4.17　生成超高图文件

标准土方断面定义文件、超高文件及加宽文件生成超高图文件。

单击："平面→生成超高图文件"，弹出"生成超高图文件"对话框，如图 2-103 所示。

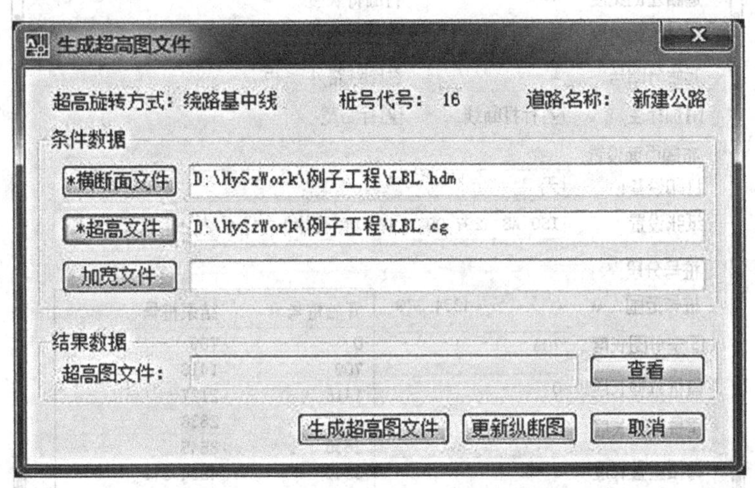

图 2-103　生成超高图文件

点击 生成超高图文件 按钮，根据条件数据，生成相应超高图文件数据，点击 查看 按钮，对生成的结果文件进行查看。

点击 更新纵断图 按钮，更新纵断图。

2.4.18　自动裁图

裁图包括平面布局裁图和自动裁图，目前采用的是页面定义来进行布局裁图。

1. 平面布局裁图

打开"平面裁图"界面，如图 2-104 所示，设定图幅大小、出图方式，输入左右侧道路宽度，设置相应的分图长度、左右侧延伸长度，点击"生成桩号列表"，对当前桩号进行保存列表，或打开已有的桩号列表。点击"生成裁图框"，查看裁图框的图面生成结果，然后点击"平面""布局裁图""裁图"，即可进行裁图，点击"裁图"，选择图面裁图框的图幅，软件自动切换到布局空间，并分幅进行裁图，查看裁图结果，可以看到每一幅图分别占据一个布局空间。

图面页面大小可以利用页面编辑功能进行编辑，也可在图面上通过拖动图面夹点的位置来进行调整，通过编辑之后再次进行裁图，可以看到，相比原来的页面裁图结果，当前图幅显得比较饱满，图面已经进行放大。

2. 自动裁图

点击"自动裁图"，选择图面道路中心线，设定图幅大小，选择单布局空间，设置相

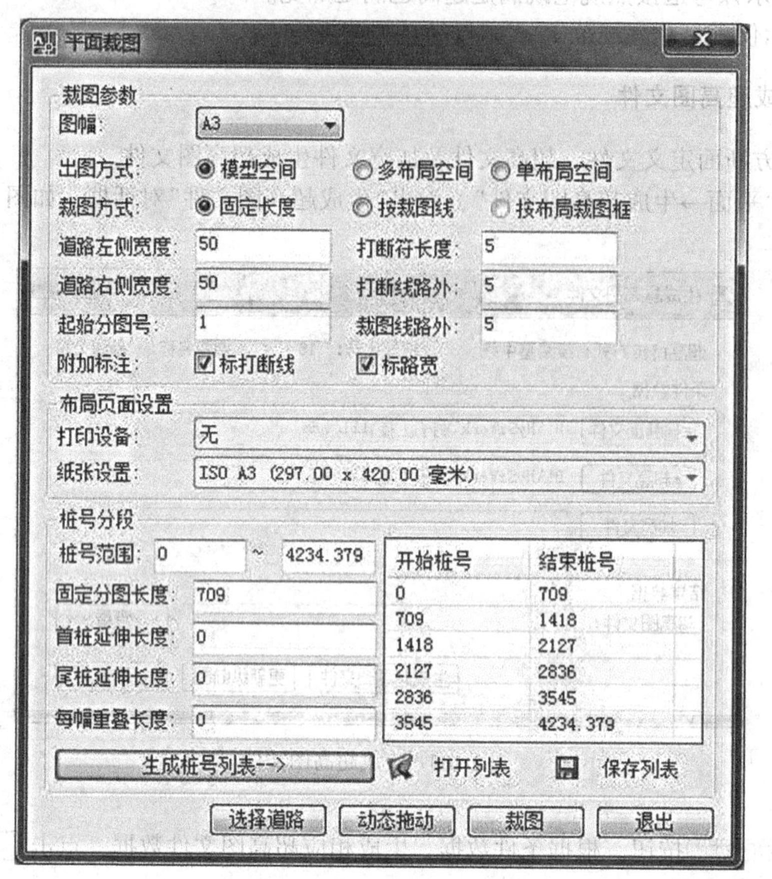

图 2-104 平面裁图

应裁图参数进行裁图，然后查看裁图效果。可以看到，当前图幅是放在一个布局空间里，对此可进行批量打印，点击“平面”“批量打印”功能，选择打印铺满图纸，单布局空间，框选范围，用鼠标左键框选打印范围，点击“打印”，即可对图面布局结果进行批量打印。

3. 模型空间裁图

点击“自动裁图”，选择图面道路中心线，选择模型空间，设定图幅大小，设置道路左右侧宽度以及其他绘图参数，可以修改分图长度，点击“生成桩号列表”，进行裁图，点击图面插入点的位置，可以看到，软件快速在模型空间当中裁图分幅，并且自动套用自定义的图框、样式，查看裁图效果。

2.5 平面编辑

主要包括道路平面的编辑，道路交叉的处理，绿化带的绘制、编辑，以及道路的一些辅助设施等。

2.5.1　渠化与变宽

1. 路幅变宽

路幅变宽命令是用来处理道路变宽部分的过渡段，以直线或者高次抛物线的形式平滑地连接路幅不同的两段道路，同时对绿化带进行相应的连接或者断开处理。需要注意的是，处理时，选择的道路必须属于同一条道路，而且已经定义了桩号，否则程序不能处理。

单击："平面编辑→渠化与变宽→路幅变宽"，命令行提示：

请选择道路中心线<回车选择主道路>:

此时，如果选择的道路中心线没有定义桩号，则提示："所选道路没有定义桩号，请定义完桩号后再进行路幅变宽。"选择完道路中心线后，弹出如图 2-105 所示对话框。

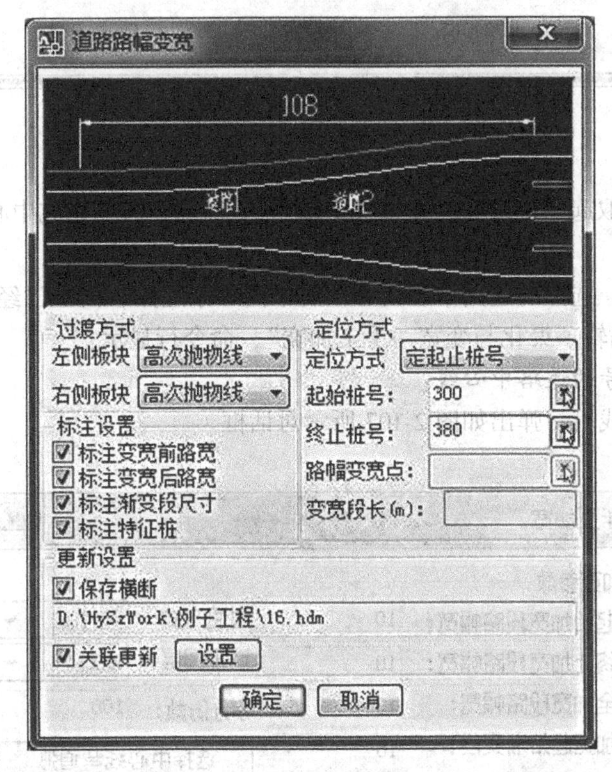

图 2-105　道路路幅变宽

2. 中心路幅变宽

中心路幅变宽时，道路中心线必须属于同一条道路而且已经定义了桩号，否则程序不能处理。

单击："平面编辑→渠化与变宽→中心路幅变宽"，命令行显示：

请选择定义桩号的道路中心线：

选中道路中心线后，弹出如图 2-106 所示对话框。

选中变宽方向，输入基本参数，选择定位方式后，可以输入起始桩号和终止桩号，也

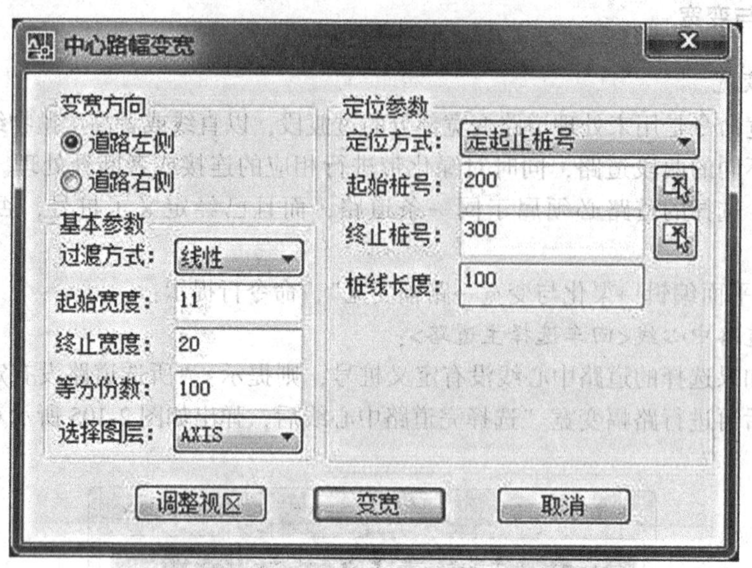

图 2-106　中心路幅变宽

可单击按钮，拾取起始桩号和终止桩号，单击变宽按钮，完成中心路幅变宽。

3. 手工加宽

对于手工加宽，选择的道路中心线必须属于同一条道路，而且已经定义了桩号。

单击："平面编辑→渠化与变宽→手工加宽"，命令行显示：

请选择定义桩号的道路中心线：

选中道路中心线后，弹出如图 2-107 所示对话框。

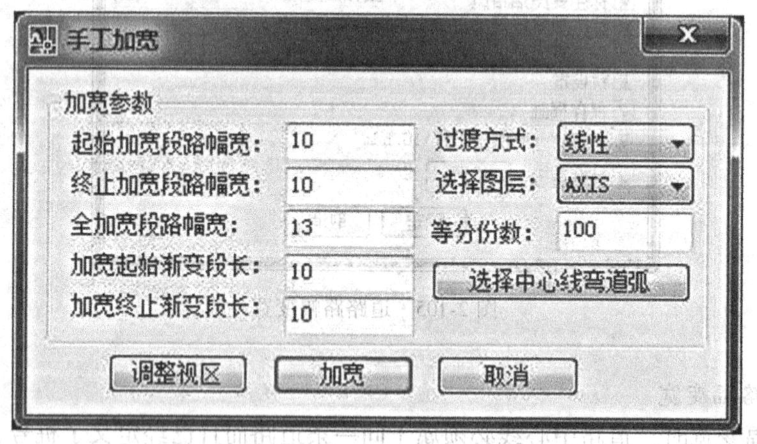

图 2-107　手工加宽

输入各个加宽参数，选择过渡方式后，点击选择中心线弯道弧按钮，选择中心线弯道，点击加宽按钮，完成加宽。

4. 直线路幅变宽

单击："平面编辑→渠化与变宽→直线路幅变宽"，弹出对话框如图 2-108 所示。

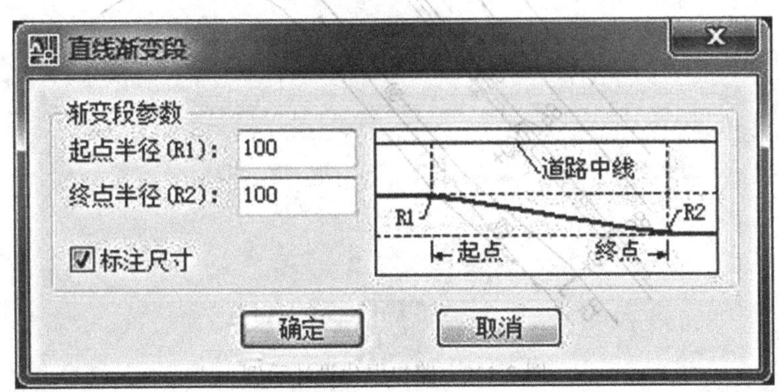

图 2-108　直线路幅变宽

输入起点半径和终点半径，点击 确定 按钮，依据命令行显示，依次选择起点所在边线、终点所在边线、指定渐变段起点、指定渐变段终点，完成命令。

5. 曲线路幅变宽

单击："平面编辑→渠化与变宽→曲线路幅变宽"，弹出对话框如图 2-109 所示。

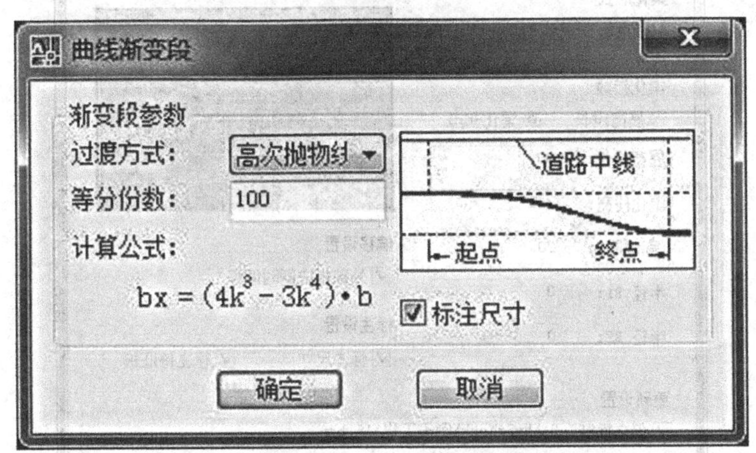

图 2-109　曲线渐变路段

选择过渡方式，输入等分分数，点击 确定 按钮，依据命令行显示，依次选择起点所在边线、终点所在边线、指定渐变段起点、指定渐变段终点，完成命令。

2.5.2　路口处理

1. 喇叭口

交叉路口某支路加宽时调用此命令，如图 2-110 所示。

单击："平面编辑→路口处理→喇叭口"，命令行提示：

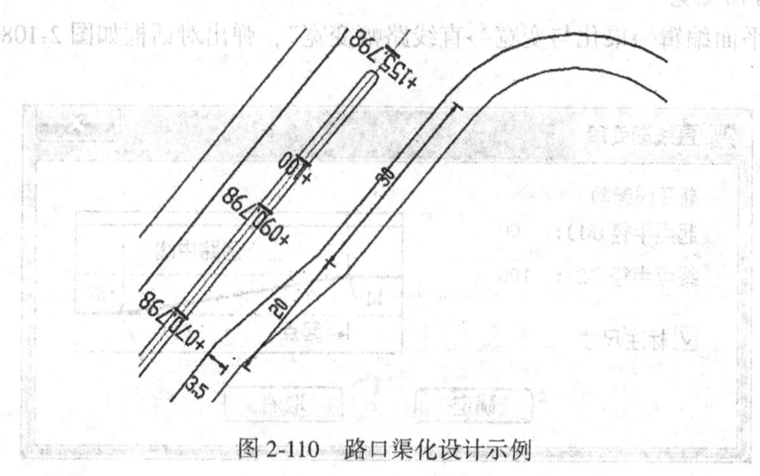

图 2-110 路口渠化设计示例

请选择道路中心线<回车选择主道路>：

如果选择的道路中心线没有定义桩号，则路口渠化界面上的标注特征桩、保存横断、关联更新不可用。选择后，弹出“路口渠化”对话框，如图 2-111 所示。

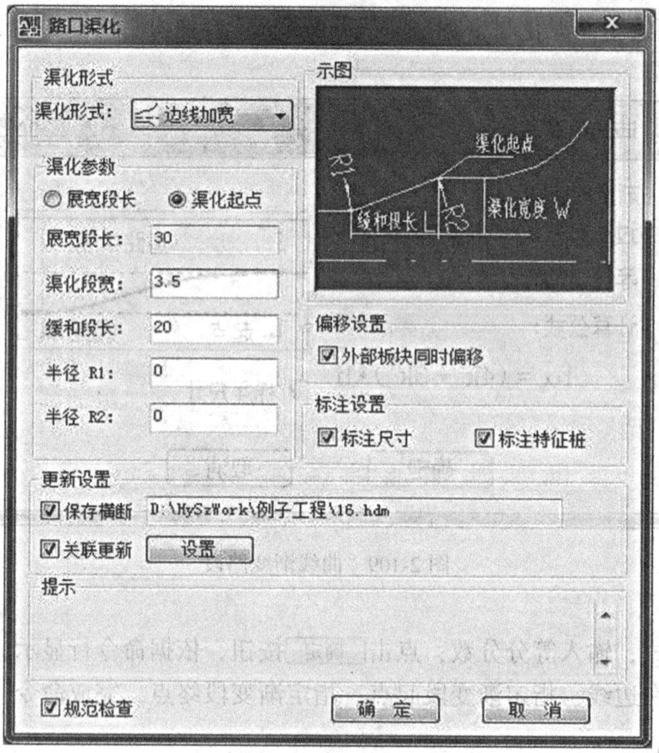

路口渠化
渠化形式
渠化形式：边线加宽
渠化参数
展宽段长 渠化起点
展宽段长：30
渠化段宽：3.5
缓和段长：20
半径 R1：0
半径 R2：0
示图
渠化起点
R1
缓和段长 L
R2
渠化宽度 W
偏移设置
外部板块同时偏移
标注设置
标注尺寸 标注特征桩
更新设置
保存横断 D:\HySzWork\例子工程\16.hdm
关联更新 设置
提示
规范检查 确 定 取 消

图 2-111 路口渠化

有三种可选择的渠化形式：边线加宽、压缩绿化带、偏移绿化带。

2. 右转车道

用来在交叉口设计右转车道。如图 2-112 所示。

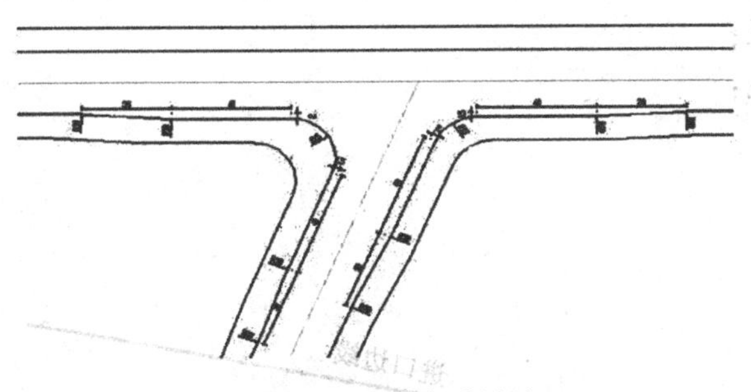

图 2-112　右转车道设计

单击："平面编辑→路口处理→右转车道"，命令行提示：

选择进口道边线：

选择出口道边线：

进口道边线和出口道边线对应的中心线如果没有定义桩号，则右转车道界面上标注进口道特征桩、标注出口道特征桩、更新设置都不可用。

选择完道路边线后，弹出对话框如图 2-113 所示。

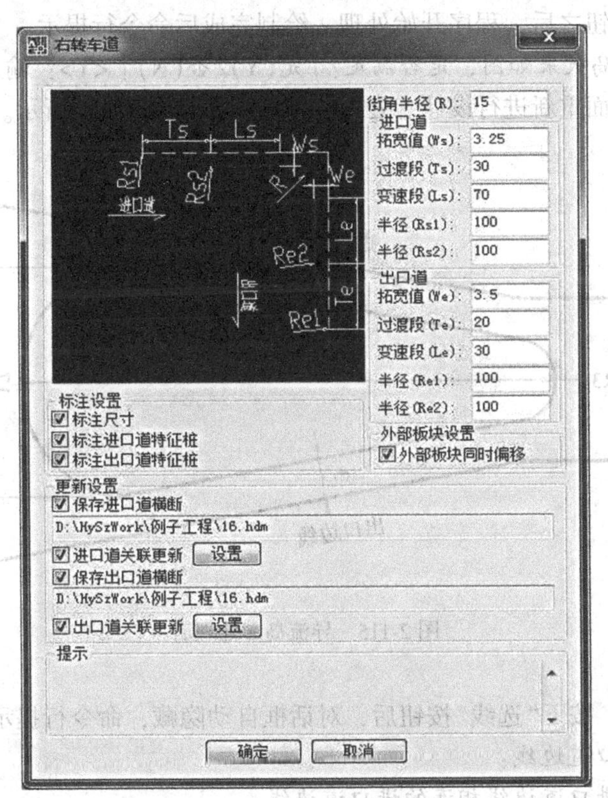

图 2-113　右转车道设置

3. 导流岛

按照设定的参数绘制导流岛，各种导流岛绘制效果如下：

(1)导流岛 a：按下“选线”按钮后，对话框自动隐藏，命令行提示：

选择进口道边线：

选择出口道边线：

如图 2-114 所示。

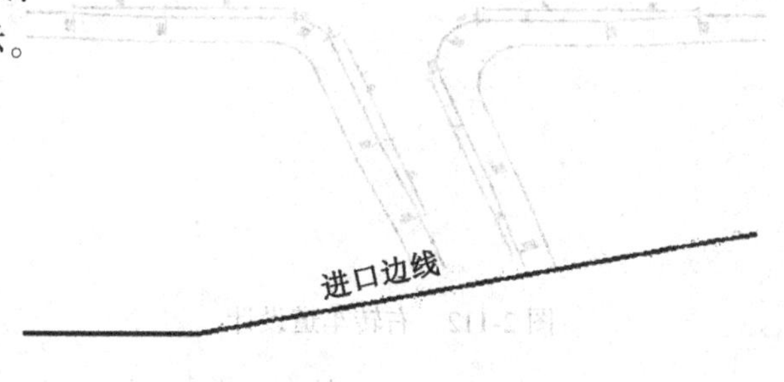

图 2-114 导流岛 a

按下“确定”按钮之后，程序开始处理。绘制完成后命令行提示：

绘制出的导流岛效果如图，是否满足？[是(Y)/否(N)] <Y>：输入 Y 确认设计效果，输入 N 返回设计界面重新进行设计。处理完毕的图形如图 2-115 所示。

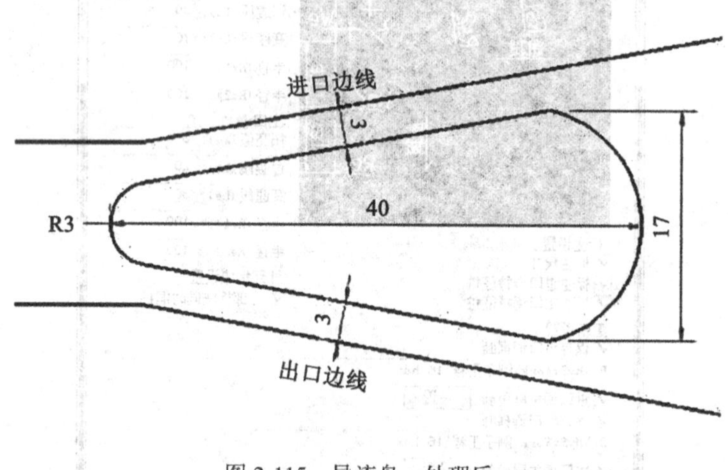

图 2-115 导流岛 a 处理后

(2)导流岛 b1：按下“选线”按钮后，对话框自动隐藏，命令行提示：

选择第一条进口道边线：

选择与第一条进口道边线相连的进口道边线：

选择出口道边线：

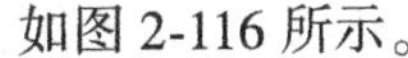

如图 2-116 所示。

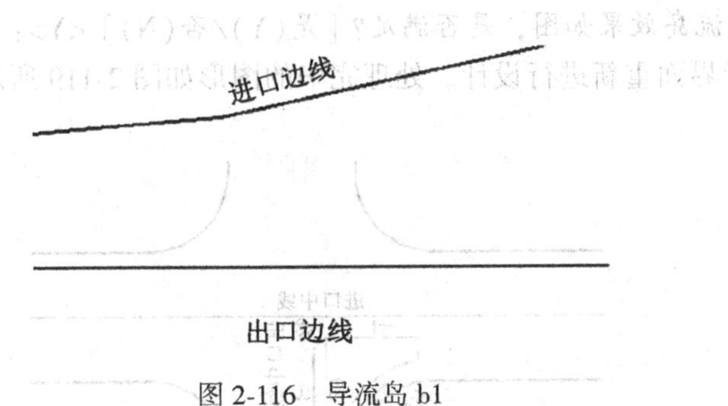

图 2-116　导流岛 b1

按下“确定”按钮之后程序开始处理。绘制完成后命令行提示：

绘制出的导流岛效果如图，是否满足？[是(Y)/否(N)] <Y>：输入 Y 确认设计效果，输入 N 返回设计界面重新进行设计。处理完毕的图形如图 2-117 所示。

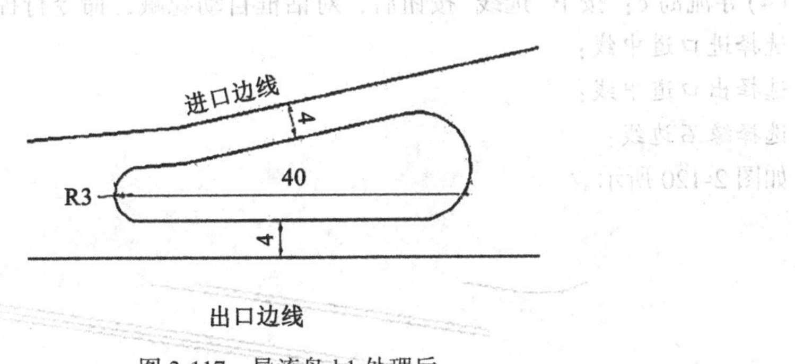

图 2-117　导流岛 b1 处理后

(3) 导流岛 b2：按下“选线”按钮后，对话框自动隐藏，命令行提示：

选择进口道中线

选择出口道中线：

选择缘石边线：

如图 2-118 所示。

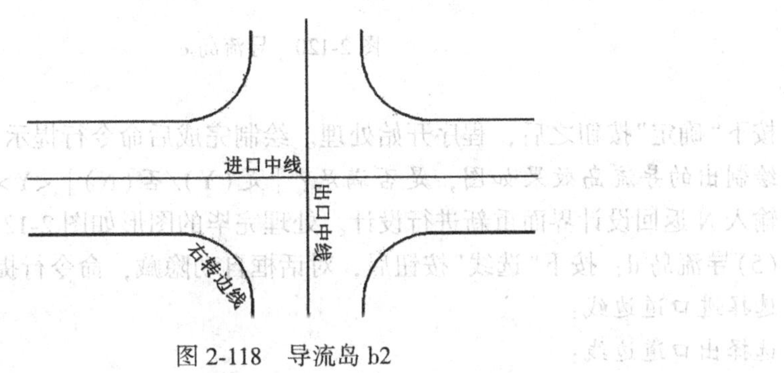

图 2-118　导流岛 b2

按下“确定”按钮、之后程序开始处理。绘制完成后命令行提示：

绘制出的导流岛效果如图，是否满足？[是(Y)/否(N)] <Y>：输入 Y 确认设计效果，输入 N 返回设计界面重新进行设计。处理完毕的图形如图 2-119 所示。

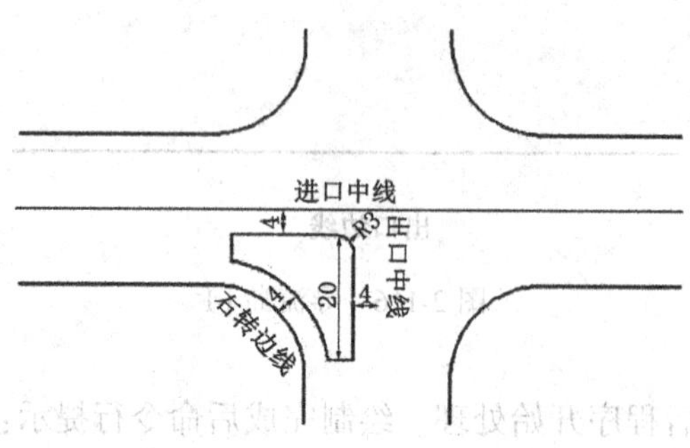

图 2-119 导流岛 b2 处理后

(4) 导流岛 c：按下“选线”按钮后，对话框自动隐藏，命令行提示：

选择进口道中线：

选择出口道中线：

选择缘石边线：

如图 2-120 所示。

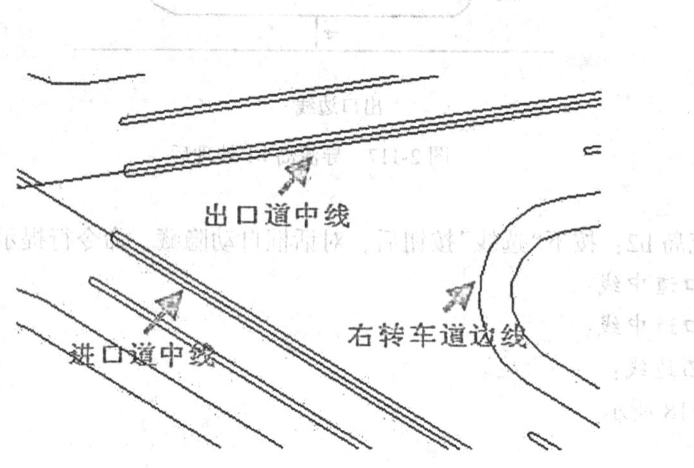

图 2-120 导流岛 c

按下“确定”按钮之后，程序开始处理。绘制完成后命令行提示：

绘制出的导流岛效果如图，是否满足？[是(Y)/否(N)] <Y>：输入 Y 确认设计效果，输入 N 返回设计界面重新进行设计。处理完毕的图形如图 2-121 所示。

(5) 导流岛 d：按下“选线”按钮后，对话框自动隐藏，命令行提示：

选择进口道边线：

选择出口道边线：

选择对应的道路中心线：

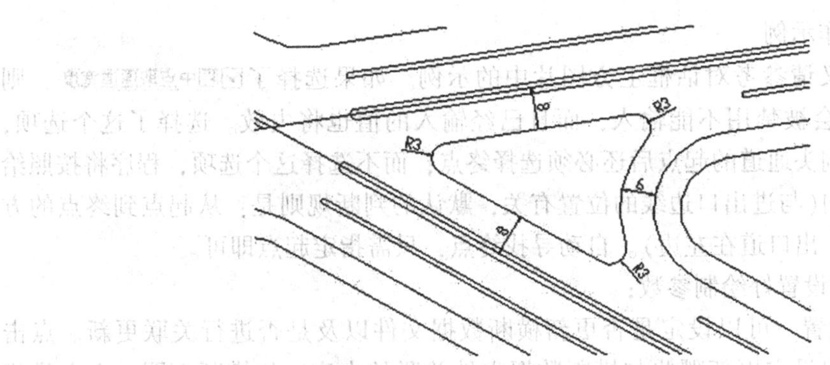

图 2-121 导流岛 c 处理后

如图 2-122 所示。

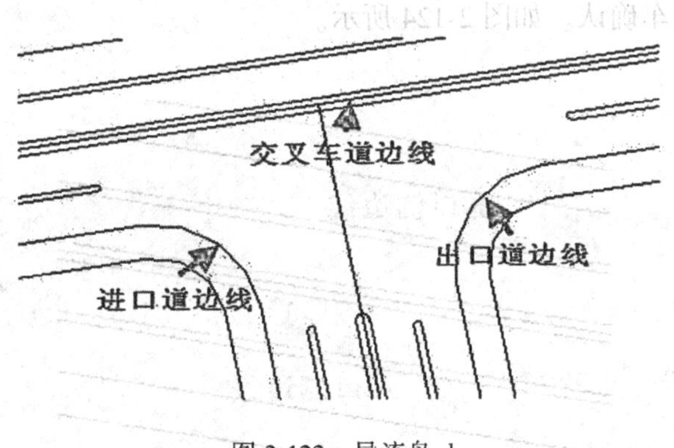

图 2-122 导流岛 d

按下“确定”按钮之后，程序开始处理。绘制完成后命令行提示：

绘制出的导流岛效果如图，是否满足？[是(Y)/否(N)] <Y>：输入 Y 确认设计效果，输入 N 返回设计界面重新进行设计。处理完毕的图形如图 2-123 所示。

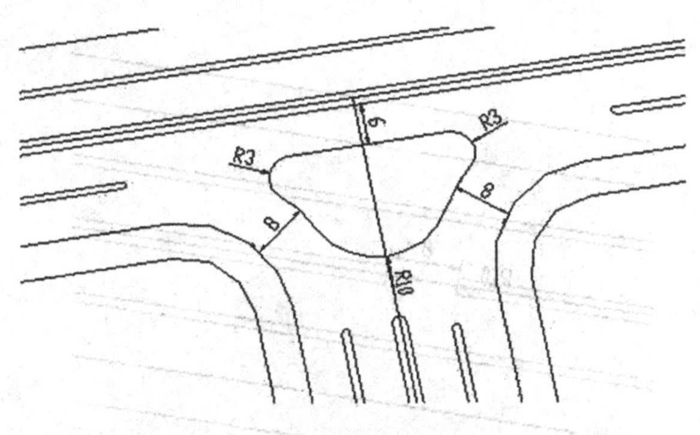

图 2-123 导流岛 d 处理后

4. 通道设计

1) 调头通道操作示例

各个参数的含义请参考对话框上方图片中的示例。如果选择了☑图中点取通道宽度，则“通道宽度”编辑框会被禁用不能输入，而且已经输入的值也将失效。选择了这个选项，就意味着在选择完调头通道的起点后还必须选择终点；而不选择这个选项，程序将按照给定的通道宽度和方向(与进出口边线的位置有关，默认的判断规则是：从起点到终点的方向，进口道在右边，出口道在左边)。自动寻找终点，只需指定起点即可。

(1)在对话框中设置好绘制参数；

(2)进行更新设置。可以设定是否更新横断数据文件以及是否进行关联更新。点击[设置]按钮后，可以设定更新哪些与横断数据文件关联的内容，如横断面图、土方量相关表格等；

(3)点击[设计]按钮，循环进行掉头通道设计；

(4)对话框自动隐藏，命令行提示“选择入口侧分隔带边线”，可以多选，选择完毕后，点击右键或者回车确认。如图 2-124 所示。

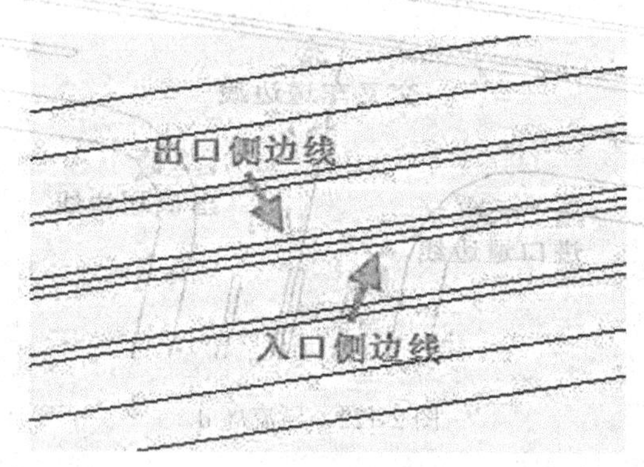

图 2-124　掉头通道设计

(5)选择出口侧分隔带边线，可以多选，选择完毕后，点击右键或者回车确认。之后程序开始处理，结果如图 2-125 所示。

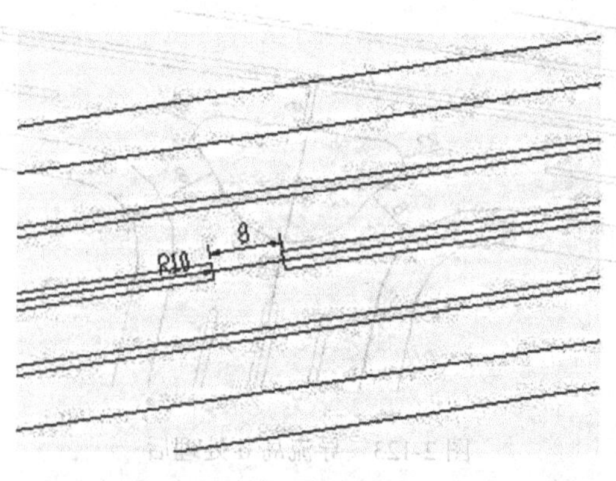

图 2-125　掉头通道设计处理后

(6)循环设计掉头通道后，点击右键或者回车返回设计界面，点击 确定 按钮，进行 hdm 文件保存和关联更新。

2)进出通道操作示例

该部分程序有参数检查的功能，即检查入口半径和出口半径是否合理。在选择完进口和出口侧边线以后，程序会根据两根边线的距离判断输入的入口和出口半径是否合理，如果半径不合理，则会出现如图 2-126 所示的提示窗口。

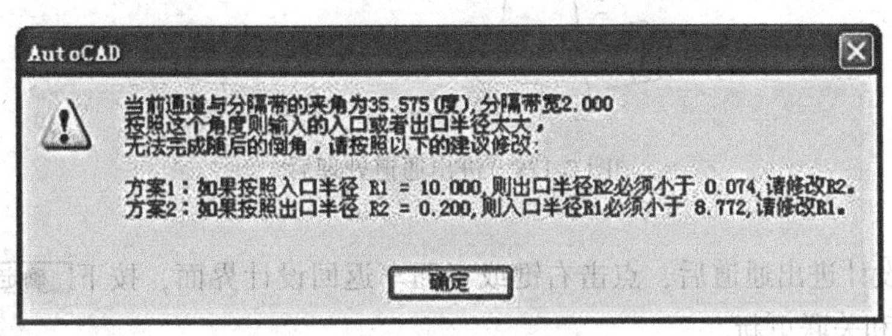

图 2-126 进出通道操作提示

根据实际情况的不同，窗口中的提示也会不同，图 2-126 仅供参考。

请仔细阅读该提示，按下 确定 按钮，进出通道对话框会再次出现，可以按照提示的建议修改参数后重试。需要注意的是，如果指定的角度不合适，程序依然会提示半径不合理，这时可以尝试一下更改角度。

(1)在对话框中设置好绘制参数；

(2)进行更新设置。可以设定是否更新横断数据文件以及是否进行关联更新。点击 设置 按钮后，可以设定更新哪些与横断数据文件关联的内容，如横断面图、土方量相关表格等；

(3)按下 设计 按钮，循环进行进出通道设计；

(4)对话框自动隐藏，命令行提示“选择入口侧分隔带边线”，可以多选，选择完毕后点击右键或者回车确认。如图 2-127 所示。

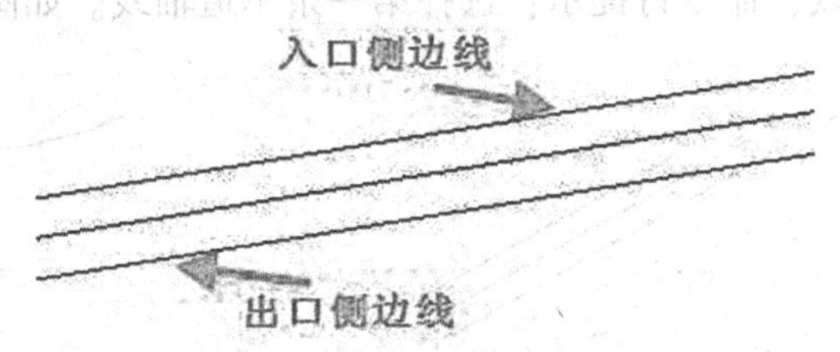

图 2-127 进出通道处理中

(5)选择出口侧分隔带边线，可以多选，选择完毕后点击右键或者回车确认；

(6)点取进出通道起点；

(7)指定通道方向；

(8)如果选择了☑图中点取通道宽度，则还必须选择通道的终点位置。之后程序开始处理。结果如图 2-128 所示。

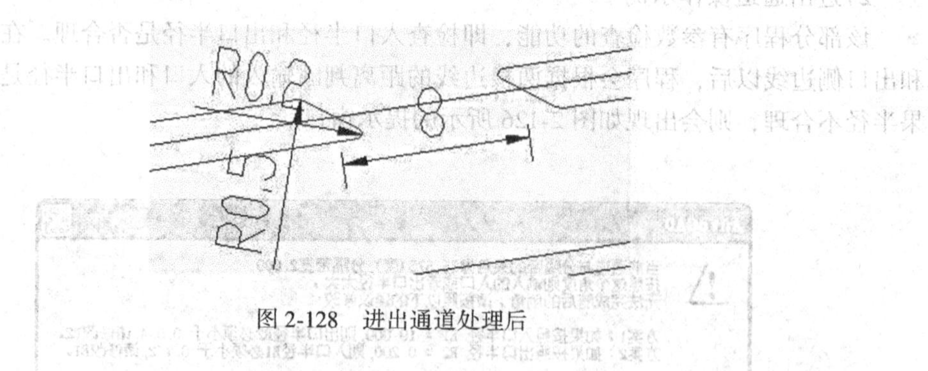

图 2-128 进出通道处理后

(9)循环设计进出通道后，点击右键或者回车返回设计界面，按下确定按钮，进行 hdm 文件保存和关联更新。

5. 视距三角形

操作示例：根据《城市道路交叉口设计规程》(CJJ152—2010)的规定，停车视距规范见表 2-5。

表 2-5 城市道理停车视距规范

交叉口直行车设计速度(km/h)	60	50	45	40	35	30	25	20	15	10
安全停车视距（m）	75	60	50	40	35	30	25	20	15	10

(1)选择设计时速后，根据选择的设计时速从表 2-5 中查出安全停车视距，在对应的停车视距文本框中显示，也可以手动编辑停车视距。

(2)在视距三角形对话框中设置好参数，点击确定按钮，程序会自动对输入的设计值进行规范检查，如果不符合规范，弹出消息提醒框，可以忽略提醒继续设计。规范检查依据参照《城市道路交叉口设计规程》(CJJ152—2010)。

(3)对话框自动隐藏，命令行提示：选择第一条车道轴线。如图 2-129 所示。

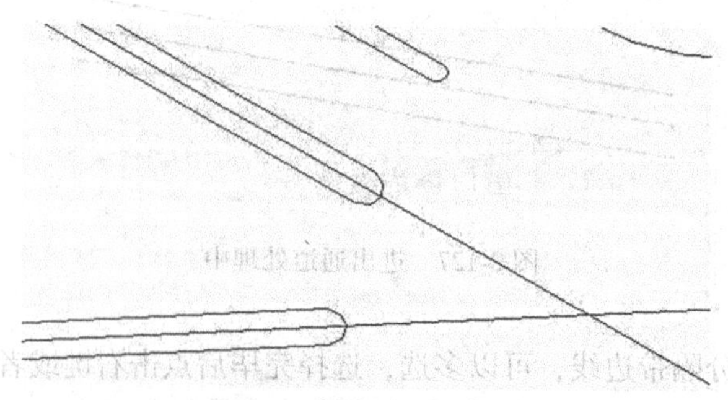

图 2-129 视距三角形处理中

(4)选择第二条车道轴线。之后程序开始绘制，结果如图 2-130 所示。

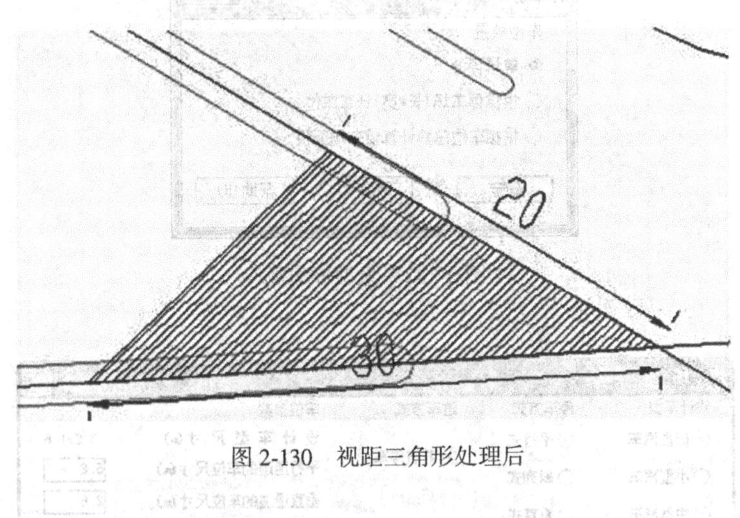

图 2-130　视距三角形处理后

6. 环形交叉

单击："编辑→交叉路口处理→环形交叉"，道路交叉口为环形转盘时，可调用此命令，并显示"环形交叉"窗口，如图 2-131 所示。

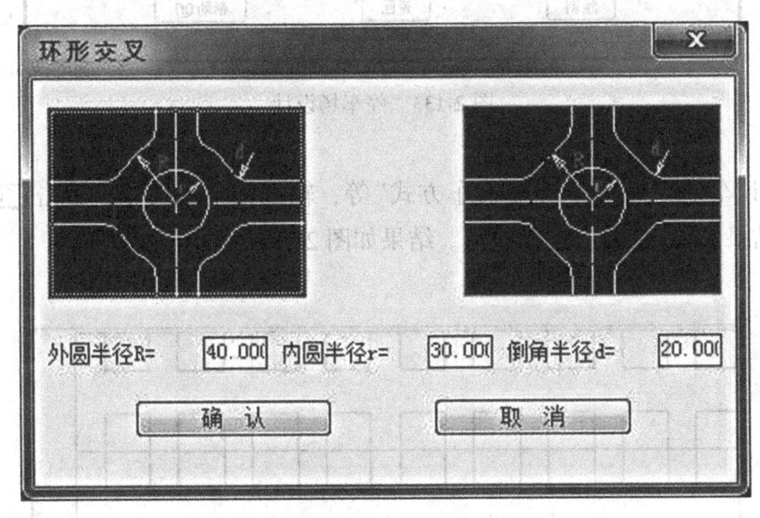

图 2-131　环形交叉

窗口中显示了两种环形交叉形式，一种是道路边线圆弧倒角，另一种是道路边线直线段倒角，点取道路中心线交叉点后，环形交叉自动进行。

1. 大型停车场

单击："平面编辑→辅助设施→大型停车场"，弹出"停车场"窗口，如图 2-132 所示。

单击 确定 按钮，弹出"停车场"窗口，如图 2-133 所示。

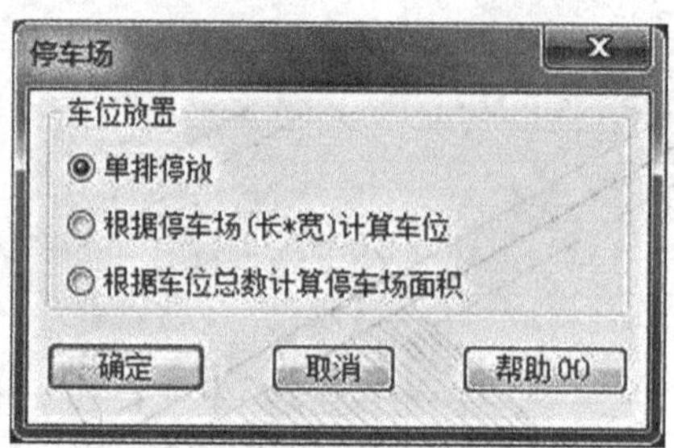

图 2-132 大型停车场

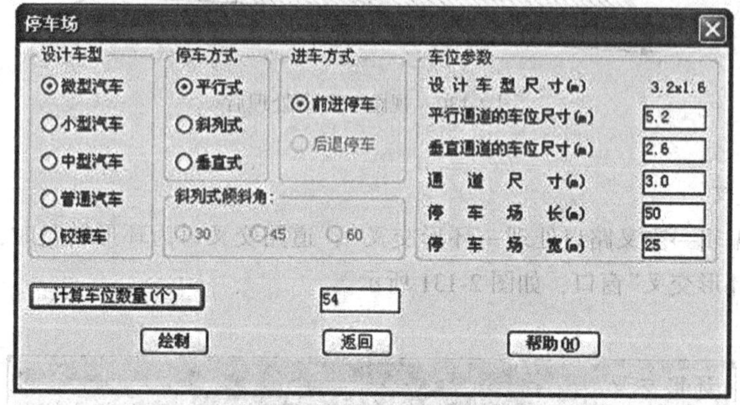

图 2-133 停车场设计

选择“设计车型”“停车方式”“进车方式”等，输入停车场尺寸，单击 计算车位数量(个) 按钮，得出结果，单击 绘制 按钮即可。结果如图 2-134 所示。

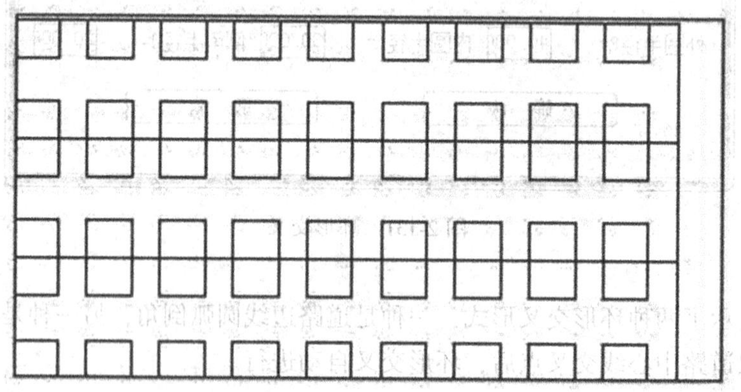

图 2-134 停车场处理后

2. 出入口

单击：“平面编辑→辅助设施→出入口”，弹出如图 2-135 所示对话框。

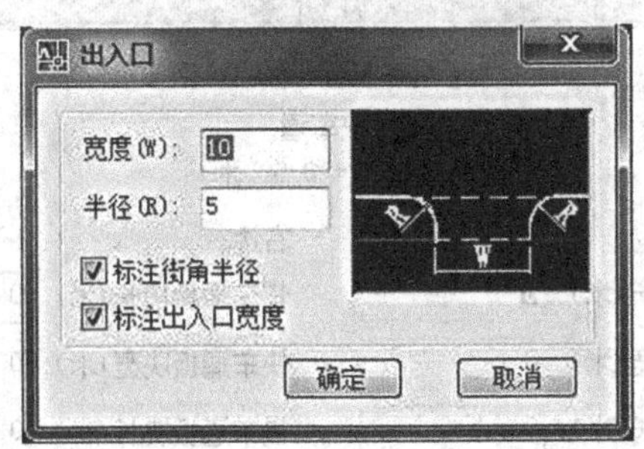

图 2-135　出入口设计

在对话框中设定好参数后，按照提示依次选择内外侧路幅边线，指定出入口中心点即可。

3. 人行横道线

根据输入的参数绘制人行横道线。

命令行提示：

回车退出 /回退 U /输入人行横道线起点：

输入人行横道线终点：

输入横道线宽度<5.00>：

回车与长度方向垂直 /选择平行线 X /输入宽度方向：

输入横道线间距<0.50>：

如图 2-136 所示。

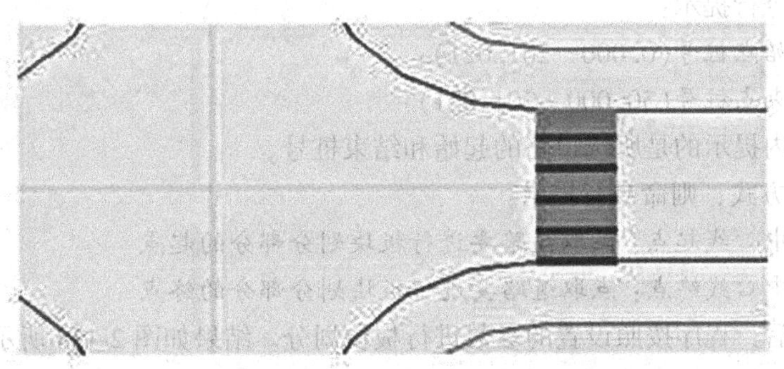

图 2-136　人行横道设计

2.5.3　道路板块划分

单击：“平面编辑→道路板块划分”，命令行提示：

选择一条道路中心线：

选取要进行板块划分的道路，出现“板块设置”界面，如图 2-137 所示。

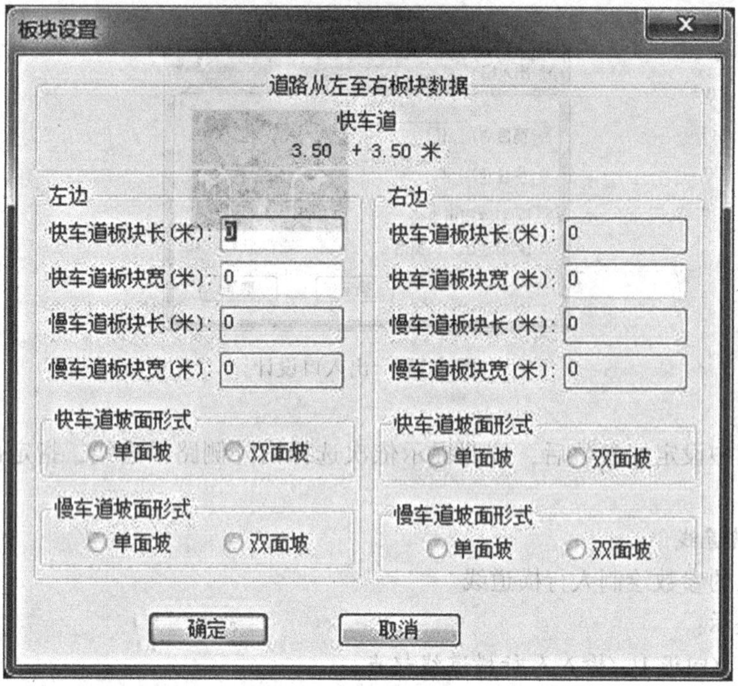

图 2-137　道路板块设置

根据自己的需要，填写界面上的各个参数，点击确定按钮，对话框隐藏，同时命令行提示：

点选范围 P/<回车输入桩号>：

回车，命令行提示：

请输入起始点桩号(0.000—201.021)：

请输入结束点桩号(50.000—201.021)：

注：括号内提示的是所选道路的起始和结束桩号。

如果用 P 方式，则命令行提示：

输入道路中心线起点：点取道路要进行板块划分部分的起点

输入道路中心线终点：点取道路要进行板块划分部分的终点

输入完毕后，程序按照设置的参数进行板块划分。结果如图 2-138 所示。

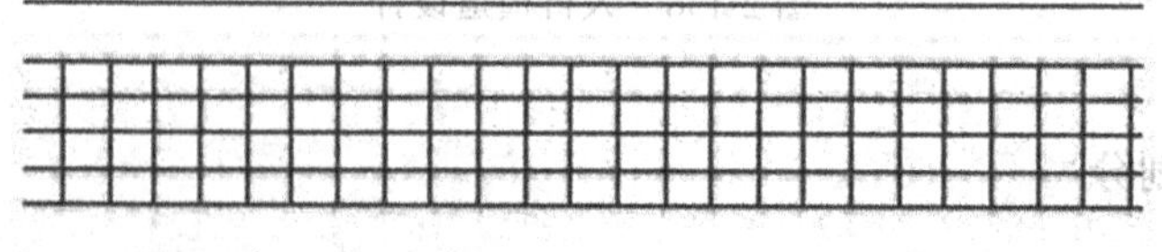

图 2-138　板块划分结果

2.5.4　人行树池

该命令用来在人行道上布置树池。运行命令后，弹出如图 2-139 所示对话框。

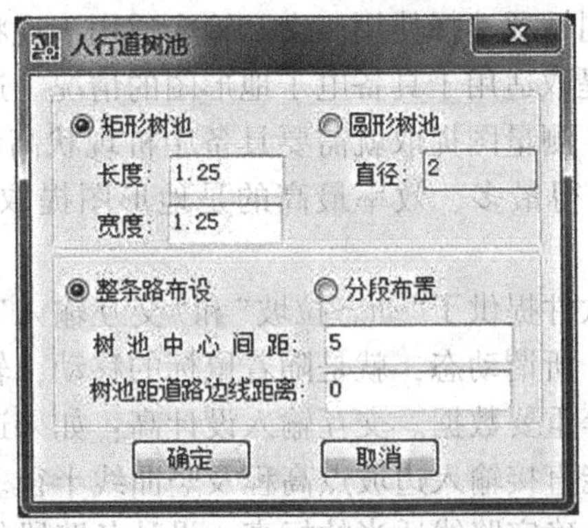

图 2-139　人行道树池参数设置

点击 确定 按钮后，命令行提示：

回车退出/选择路幅边线：

选择一条需要布置的边线以后，命令行提示：

点示布置方向：用来指示树池布置在边线的左侧还是右侧。

选择方向后，程序将按照设定的参数布置树池。结果如图 2-140 所示。

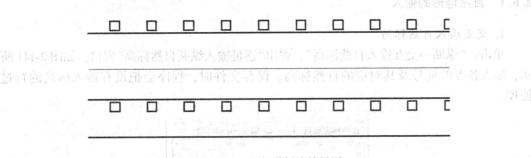

图 2-140　人行道树池结果图

2.6　纵断面设计

道路的纵断面是指沿车行道的中心线的竖向剖面。道路的中心线，在纵断面上是一条折线，一般在折线的折点处要设置竖曲线。在道路纵断面图上，表示原地面标高的线称为地面线；表示道路设计标高的线称为设计线。设计线上各点的标高与地面线上各对应点标高之差称为施工高度(填挖高)。城市道路的设计标高可视具体情况分析，采用中央分隔带边缘、中线或行车道外侧边缘作为设计高程。因此，在计算路基的填挖高度时，需要加减路面的结构厚度。高速公路和一级公路的设计标高采用中央分隔带的外侧边缘高程；二、三、四级公路采用路基边缘高程；在设置超高、加宽地段，为设超高、加宽前该边缘高程。

纵断设计包括三个大的环节：获得现状(自然)高程、获得设计高程、绘制纵断面图。软件提供了交互输入、地形图提取、通过横断文件获得、通过测量图提取等多种获得现状高程的方法。可以根据不同情况选择使用。交互输入适用于现状高程已经通过实地测量等手段已知的情况。地形图提取适用于具备电子地形图的情况。通过横断文件，获得适用于已有横断现状文件的情况。测量图提取就需要具备中桩现状高程的测量图(就是道路现状地形的纵断面图)。其中用得最多、效率最高的是地形图提取和通过横断文件转换两种方式。

关于获得设计高程，软件提供了“动态拉坡”和“交互输入”两种方式。动态拉坡就是动态地进行道路纵坡设计。所谓动态，就是随着鼠标的移动，软件实时计算出前、后坡长坡度，设计高以及填挖高等重要数据。交互输入设计高：如果道路的纵坡比较简单或已知设计高程，就可以用此功能直接输入边坡点高程及竖曲线半径。

纵断设计的基本任务：确定路线适当的标高；设计各路段的纵坡及其坡段长度；保证视距要求，选择适当的竖曲线半径，配置竖曲线；计算施工高度；标定桥涵、立交路口、平交路口等位置；绘制纵断面设计图等。

纵断竖向线形设计的要求：①线形平顺，保证行车安全、舒适与设计车速；②路基稳定，工程量小；③保证与相交的道路、广场、街坊和沿路建筑物的出入口有平顺的衔接；④保证道路两侧的街坊以及道路上地面水的顺利排泄，道路最小纵坡应大于 0.5%，困难地段可大于或等于 0.3%；⑤设计标高、坡度和位置的决定应考虑沿线各个控制点的要求，如相交道路的中线标高、与铁路交叉点的标高、沿路建筑物的底层地坪标高，等等。

2.6.1 自然地形的输入

1. 交互输入自然标高

单击：“纵断→交互输入自然标高”，弹出“逐桩输入纵断自然标高”窗口，如图 2-141 所示，输入各点的桩号及其对应的自然标高。保存文件时，程序会把没有输入标高的行过滤掉。

自然标高编辑 + − 关联更新 设置

桩号	第一标高	第二标高
0		
5.219		
55.219		
73.047		
90.875		
100		
140.875		
158.289		
200		
208.289		
242.77		
277.25		
300		
327.25		
369.737		
400		
419.737		
497.485		

图 2-141 “逐桩输入纵断自然标高”窗口

2. 地形图提取自然标高

根据处理好的地形图，提取道路纵断自然标高。单击："纵断→地形图提取自然标高"，弹出"地形图提取纵断面自然标高"窗口，如图 2-142 所示。注意这里的桩号代号是否与要处理的道路一致。软件根据"桩号标注设置"里面设置的整桩间距生成桩号列表，并把平曲线特征桩等特征桩加入进去。可以点击修改"桩号列表"，最后单击程序，可自动从图中提取标高值。

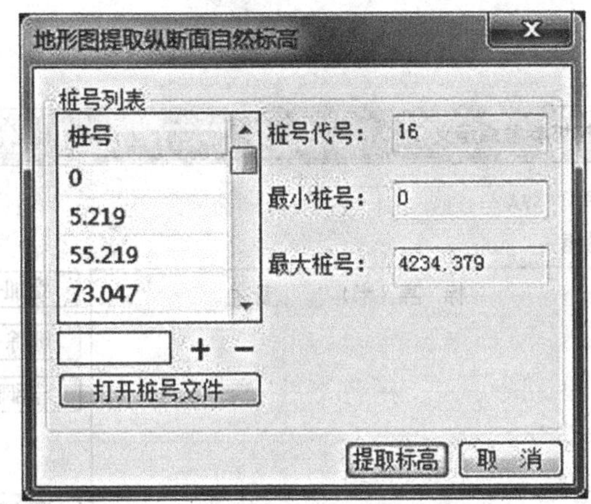

图 2-142 "地形图提取纵断面自然标高"窗口

3. 由横断文件转化自然标高

如果横断自然标高文件已定义过，则此命令可以从横断自然标高文件中提取道路中心线处的标高值，转化为纵断自然标高文件。单击："纵断→由横断文件转化自然标高"，弹出"横断自然标高生成纵断自然标高文件"窗口，如图 2-143 所示。单击"源文件"，在弹出的"打开"窗口中找到道路的横断自然标高文件；源文件中支持两种格式的横断面自然标高文件：Bgn 和 Bghn。单击"目标文件"，在弹出的"打开"窗口中找到道路的纵断自然标高文件(已有文件要替换)，或者直接输入带路径的文件名，然后完成转化。

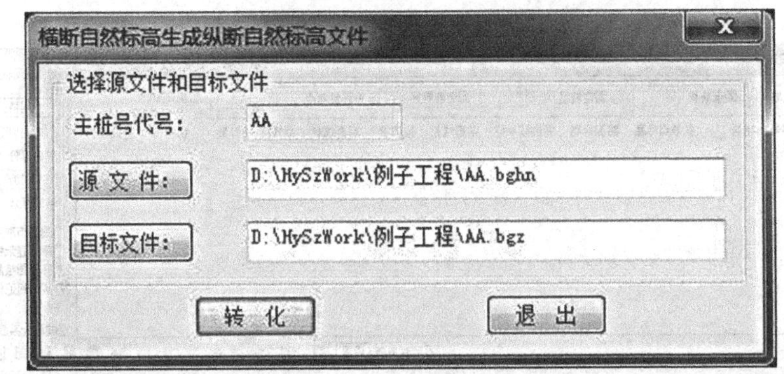

图 2-143 "横断自然标高生成纵断自然标高文件"窗口

4. 测量图提取自然标高

如果已有测量单位提供的沿桩号中心线展开的自然地面线，则可从中提取自然标高。

2.6.2 纵断面动态设计

1. 定义拉坡参考点

定义拉坡参考点即定义特殊的控制点，在动态拉坡“关联参考点”拉坡时进行设计控制。单击：“定义纵断→定义拉坡参考点”，弹出“动态拉坡参考点定义”对话框，如图2-144所示。

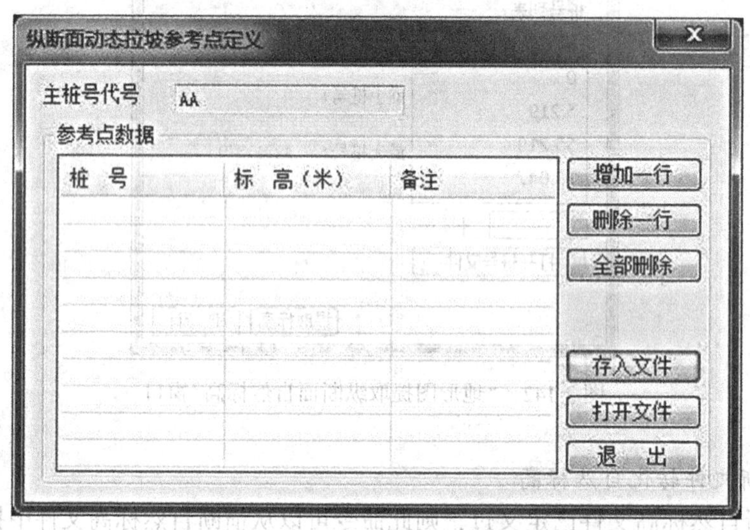

图 2-144　动态拉坡参考点定义

2. 纵断面设计

单击：“定义纵断→纵断面设计”，弹出“纵断面设计”对话框，如图 2-145 所示。从最上方的三栏可以清楚地看到，自然标高文件、参考点文件和将要设计出的设计标高文件存放的位置，可始终清楚所存文件的位置，防止不必要的错误。

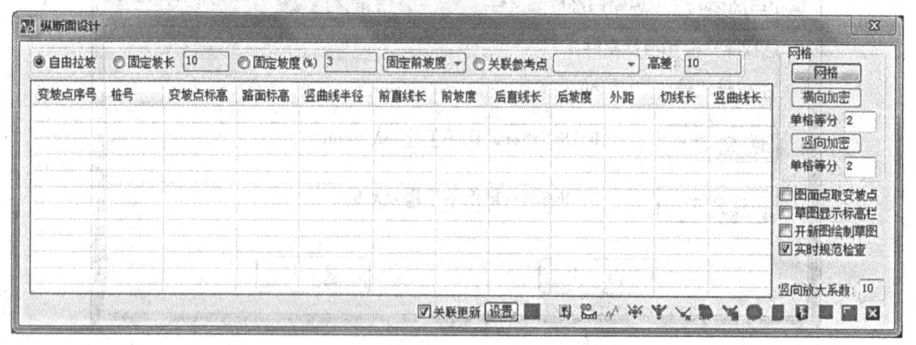

图 2-145　“纵断面设计”对话框

拉坡设定了“自由拉坡”“固定坡长”“固定坡度”“关联参考点”四种控制方式。选择合适的方式后，点取“动态拉坡”，在草图上点取要进行拉坡的位置，进行随意拖动，拉坡草图表头中的数据也会随着拉坡实时刷新，真正实现了所见即所得的动态效果。可以按需要拉出任意多个变坡点。如果感觉拉出的变坡点不够精确，则可以直接点取要修改的参数进行修改，修改的同时，草图上也会即时刷新。“删除变破点”主要是用来删除不必要变坡点，以使设计更符合要求。先选中要删除的变坡点，再点取“删除变破点”即可。

先选中要进行设计的变坡点，点取“竖曲线设计”，图面上会自动出现一条以变坡点为基点的直线段，随着拖动，对话框中的参数会实时的变化。并在“最大值”中显示竖曲线半径的最大值。拉坡设计完成后，点取“保存文件”之后退出。

2.6.3　交互输入设计标高

单击：“纵断→交互输入设计标高”，弹出“交互定义设计中高文件”窗口，如图 2-146 所示。输入各点的桩号及其对应的设计标高、竖曲线半径。保存文件时，程序会把没有输入标高的行过滤掉。

设计标高编辑 + − 关联更新 设置

桩号	标高	竖曲线半径
0		
5.219		
55.219		
73.047		
90.875		
100		
140.875		
158.289		
200		
208.289		
242.77		
277.25		
300		
327.25		
369.737		
400		
419.737		
497.485		

图 2-146　“交互定义设计中高文件”窗口

2.6.4　纵断综合数据定义

如图 2-147 所示，操作如下：

点击 打开(O) 按钮，可以读取其他纵断综合数据定义文件。

点击 存为 按钮，可以更改文件的保存路径和保存的文件名，也可以直接在编辑框中进行相应修改。

点击 确定 按钮，保存相应修改，进行关联更新等。

☑关联更新：控制是否关联更新。

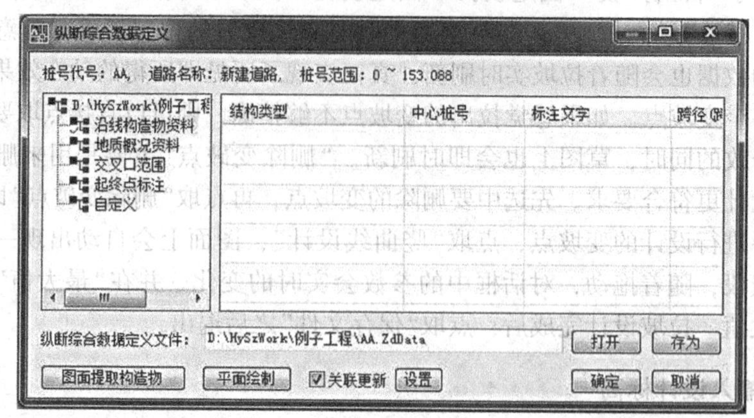

图 2-147 纵断综合数据定义

[设置]：弹出关联更新设置界面，对要关联更新的选项进行修改。

对话框上方显示的是当前文件记录的主桩代号及主道路的名称、桩号范围，这些数据是建立纵断综合数据文件时从图形中提取出来的。将这些道路信息与纵断综合数据一起保存，是为了表明数据与道路的对应关系。

2.6.5 纵断面绘制

1. 纵断表头定制

可在此进行道路纵断表头的定制。如图 2-148 所示，在“栏类别”中任意行点击鼠标左键，即可出现选择列表，在其中选择要标注内容；在“栏名称”中输入想要在纵断图中出现的名称；“行间距”“标注位数”在列表框中直接修改即可。点击“上移”“下移”可调整

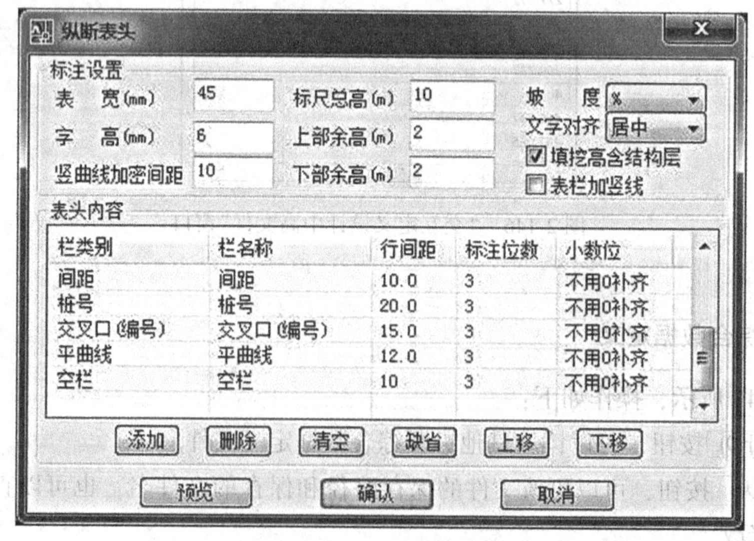

图 2-148 “纵断表头”对话框

各栏顺序。标注设置中的“填挖高含结构层”选项，选中此项，则计算挖填高时包含结构层厚度。定制完后，可点击“预览”看结果，满意后点击“确认”。

特别说明：上、下部余高是用来控制标尺的起点高度以及变换标尺的。用来控制填挖高含不含结构厚度。例如现状高程 15m，设计高程 14m，结构厚度 0.5m。如果包含结构，则挖深为 1.5m；若不包含，则为 1m。表头内容中的栏类别决定此栏关联的数据，栏名称表示此栏目绘制在图面上时的具体名字。此栏可任意设置。

2. 纵断面绘制

单击：“纵断→纵断面绘制”，弹出“绘制纵断面”窗口，如图 2-149 所示。

图 2-149 “绘制纵断面”窗口

在基本参数中会清楚地显示相关道路的具体参数：“自然标高”显示自然标高文件的存放位置，“设计标高”显示的是设计标高文件的存放位置。“标准图幅”中可直接选择图幅号。若为非标图幅，则可直接输入尺寸。

首幅图桩号即为纵断面图的第一幅图的终止桩。勾选“首幅图桩号”后，输入您要求的首幅图的桩号值即可。分图长度用来控制自动分幅的图幅长度。如果设置了首幅图桩号，则第一幅图长不受分图长度控制。X、Y 偏移量用来控制纵断表头左下角距离图框左下角的相对位置。

“绘格网”“绘竖线”命令用来控制纵断面图上是否绘制方格网和竖线。“绘竖线”即为在自然高变坡点处加画竖线。用户可以将在“绘制纵断”界面中设置的所有内容以文件的形式保存(包括加桩)。在下一次绘制同一条道路的纵断面时，程序可将各项设置值自动读入。当相邻桩之间的距离小于 3.6m 时，舍弃按整桩间距生成的破桩(除公里桩、百米桩以外的桩)。舍弃后仍有重叠的程序自动将标注位置适当拉开。

2.7 横断面设计

自动从数字地形图上提取各桩号点横断面自然高程；识别多种格式的横断面自然标高文件；可自动提取平面图中各特征桩横断参数，全面支持变宽板块道路；自动计算超高加宽断面变化，模糊智能自动边坡设计方式，可灵活定义多级别放坡、挡墙、边沟等各种组件数据，支持挖台阶和定沟底高程的设计方式，提供“戴帽”(俗称为设计横断面、确定填挖高度、路基宽度、超高加宽值、绘制挡土墙、护坡等沿线构造物、画出设计线)后的逐桩断面预览和快速修改，修改后的断面可智能反馈到统计表格中。可根据横断戴帽结果自动绘制征地线及示坡线。主要包括道路横断面出图及道路土方的计算。

2.7.1 道路土方计算

1. 标准土方断面定义

即定义道路横断形式。单击：“横断→标准土方断面定义”，弹出“标准土方断面定义”窗口。此界面与超高加宽计算中横断面形式设置界面为同一个界面。各项含义及用法参考“超高加宽”的内容。

2. 边坡参数定义

基本设计思路：由人工定义填方桩和挖方桩分别采用的具体边坡形式。计算时，软件自动根据每桩的填挖情况进行匹配。也就是说，只需要指出填方段采用什么边坡，挖方段采用什么边坡即可。道路边坡设置采用组合边坡布置形式。单击：“横断→边坡参数定义”，弹出“边坡参数定义”窗口，如图 2-150 所示。可根据不同情况，如地质情况、位置等，对边坡进行分段定义。

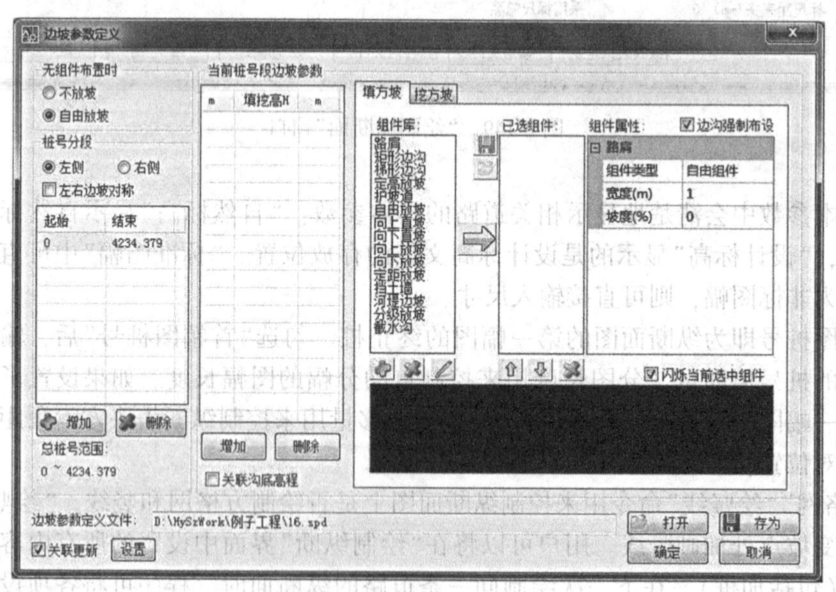

图 2-150 “边坡参数定义”窗口

3. 换土层厚度

定义换土的层厚度，窗口如图 2-151 所示。

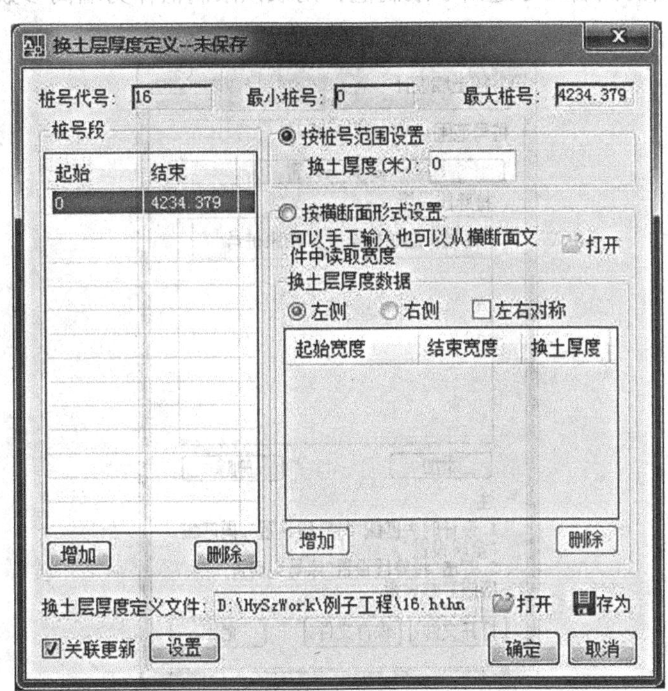

图 2-151 “换土层厚度定义”窗口

2.7.2 挡土墙设计

此处挡土墙模块不涉及挡土墙结构计算和验算。只完成选型、横断绘制、挡土墙平立面绘制及由此引起的道路填挖方变化和占地变化。挡土墙设计流程如下：首先，在“边坡参数定义”中的边坡组件类型中增加挡土墙组件。在“边坡参数定义”中仅考虑是否可能存在挡墙，而不必考虑挡墙类型及尺寸。软件另外提供了两种挡土墙设计功能：①“挡土墙定义”功能。在此功能中，可根据填挖高范围定义挡墙类型。挡墙尺寸程序由填挖高和埋深等参数从挡墙库中自动选择(挡墙高=填挖高+埋深)。②“立面设计”功能。在此可以动态地进行挡土墙立面设计。

1. 挡土墙定义

单击：“横断→挡土墙→挡土墙定义”，回车，提取主桩号道路信息或者选择已经定义桩号的道路中心线，弹出“挡土墙定义”窗口，如图 2-152 所示。

在“挡土墙定义”主界面中，先对特殊段进行分段设置，然后再进行全段设置。程序在进行匹配时，首先读取分段参数匹配好特殊段，然后再根据全段参数匹配其他桩。如果整条道路所用挡墙匹配规则均相同，则直接进行全段参数定义即可。双击序号(或单击“全段设置”)即可进入参数设定界面，如图 2-153 所示。在此界面中，可根据填挖高分别定义填方挡墙和挖方挡墙。挡墙匹配原则如下：对于填方坡，首先计算出填高；然后将填高与埋深值累加，得到挡墙理论高度；最后在挡墙库中找到大于等于此理论高度的最小挡墙标准图。对于挖方坡，在上述规则的基础上，增加一个“最大墙高”的限制条件。如果按上述规则匹配出的挡墙尺寸超出了限制值，则取该限制值作为墙高参数。

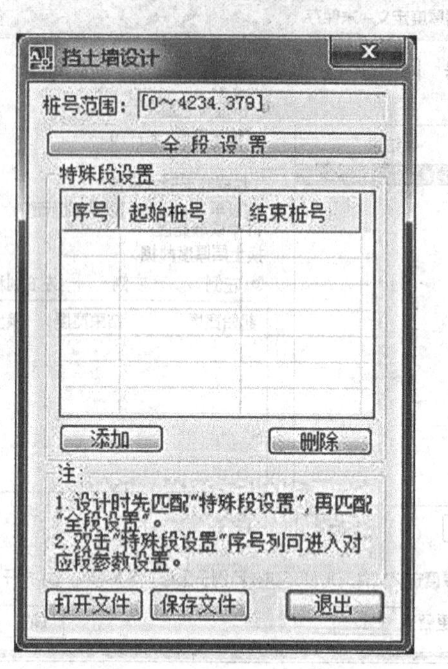

图 2-152 “挡土墙定义”窗口

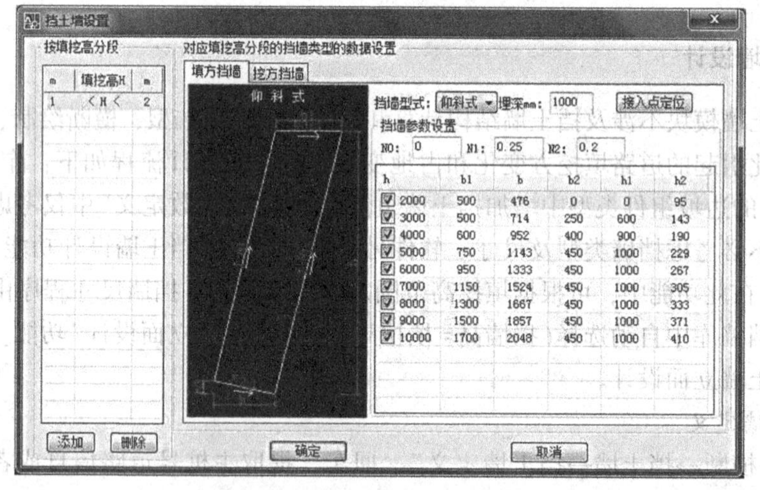

图 2-153 “挡土墙设置”窗口

2. 伸缩缝设置

单击：“横断→挡土墙→伸缩缝”，弹出如图 2-154 所示，选择“侧别”和要设置伸缩缝的“挡土墙立面设计结果文件”。单击“开始”，弹出对话框，在此可以分段进行伸缩缝设置。

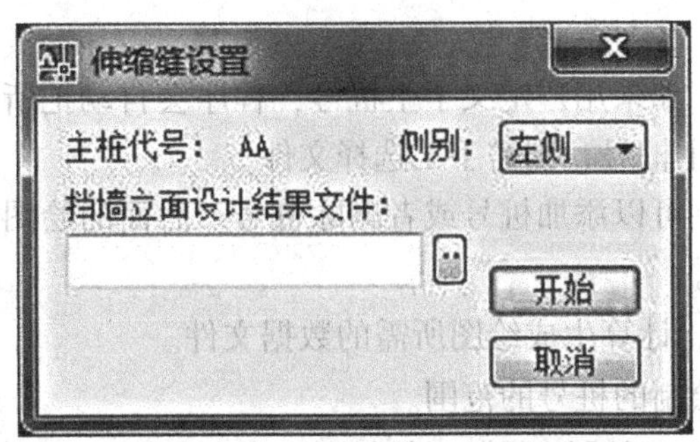

图 2-154　“伸缩缝设置”窗口

3. 平立面绘制

单击：“横断→挡土墙→平立面绘制”，弹出如图 2-155 所示对话框，选择“侧别”和配套的“挡墙立面设计结果文件”和“鸿业交点文件”，单击“开始”，进行平立面图绘制。

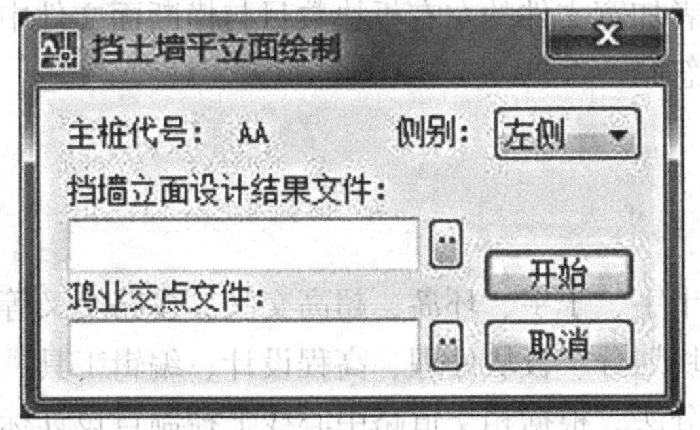

图 2-155　“挡土墙立面绘制”

2.7.3　横断面计算绘图

单击：“横断→横断面计算绘图”，如果当前工程中放坡结果文件、土方结果文件以及管线条件文件这三个横断计算结果文件已经存在，则会弹出如图 2-156 所示提示框。

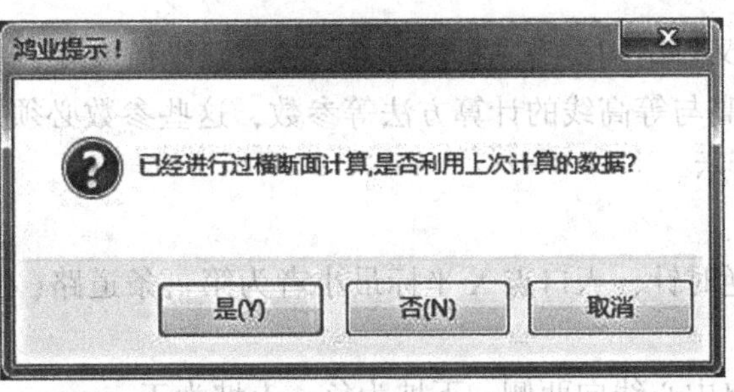

图 2-156　鸿业提示框

横断计算绘图操作步骤如下：

(1)选择图幅。

(2)选择数据文件。如果用户定义了主桩号，程序会自动把所需的数据文件找到并列出；如果用户没有定义主桩号，则需手工选择文件。

(3)核对桩号列表，可以添加桩号或者删除桩号。后面的绘图以及计算都是根据桩号列表中的桩号来进行的。

(4)点击[计算]按钮，计算生成绘图所需的数据文件。

(5)输入需要进行绘制的桩号的范围。

(6)点击[绘图]按钮，对话框隐藏，命令行提示：

回车退出/点取第一幅图的左下角点

指定绘图基点后即开始绘制道路横断面图。

(8)点击[绘制草图]按钮，对话框隐藏，命令行提示：

回车退出/点取第一幅图的绘制基点：

指定绘图基点后即开始绘制道路横断面草图。

注意：如果超高或者加宽文件的左右板块数目与横断面文件中的定义不相同，则该超高或者加宽文件将会被忽略。

2.8 交叉口设计

交叉口程序可设计十字、丁字、环岛、超高交叉、多路交叉等各种平交口。从功能上可分为交叉口形成、板块划分、板块处理、高程设计、编辑工具、三维效果六大模块。

交叉口设计采用等分法。根据相交道路中心线上控制点设计标高，虚拟出交叉口曲面并生成等高线，自动计算各个角点标高，设计结果可生成三维视图，进行空间分析。自动处理正交、斜交、错位、丁字及多条道路相交等各类刚性、柔性交叉口。自动划分板块、绘制等高线、计算板块角点高程，自动生成交叉口竖向三维视图。支持和纵断道路设计成果紧密结合，支持查看交叉口在竖曲线之内的情况，支持导流岛或绿化带单独设计高程的设计方式。

2.8.1 基本参数输入

基本参数是指交叉口结构类型、板块尺寸、各道路纵横坡度、基本控制点数据、交叉口最大横坡、角点标高与等高线的计算方法等参数，这些参数必须定义。“交叉口属性定义”界面如图 2-157 所示。

做如下约定：

(1)道路顺序为逆时针，入口点 X 坐标最小者为第一条道路(右击交叉口名称可进行自动排序)。

(2)道路横坡：自中心线向两侧，下坡为负，上坡为正。

(3)道路纵坡：自交叉口中心向外侧，下坡为负，上坡为正。

(4)道路转折点：由入口向交叉口中心方向，左侧为左，右侧为右。

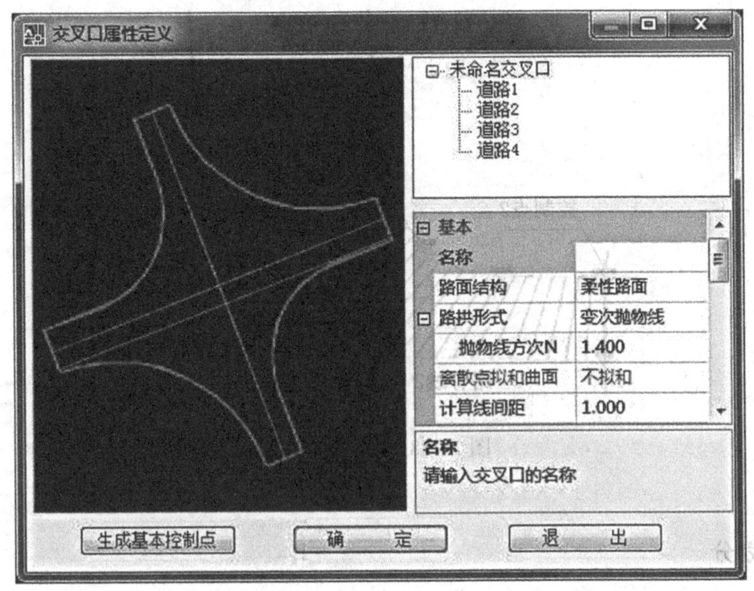

图 2-157 “交叉口属性定义”界面

2.8.2 生成计算线

程序提供了“选择分区 S”“选线生成 H”“<全部生成>”种生成计算线的方法。第一和第三两种方法为自动生成，第一种方法一次生成一个区，第三种方法为一次全部生成。

需要重点说明的是，第二种方法——“选线生成 H”。前面讲的两种方法虽然自动化程度高速度快，但在有些情况下会不成功(因为找不到边界分区不成功)。而这种方法实际是由用户手工确定边界的一种方法。

选择此方法后，程序首先提示：

回车退出/选择路脊线：

此时应逐根选择一个分区内的所有路脊线，然后回车结束路脊线选择。命令行提示：

回车退出/选择标高控制点 1：

回车退出/选择标高控制点 2：

应选择路边线上起始端两个控制点，如图 2-158 所示控制点 1、控制点 2。选择后，命令行提示：

Esc 退出，选择两个控制点之间的一点：

这是为了确定在封闭边界的那一侧绘制计算线，点取两控制点间边界线上任意点即可。

需要注意的是，无论哪种方法生成计算线，路脊线交点、端点，以及路边线端点必须有控制点。另外，所有在路脊线上、路边线上的控制点均会影响计算线，也就是，除基本控制点外，用户还可在路脊线及路边线上任意位置定义控制点。基本控制点标高可通过“控制点工具→修改控制点的标高”命令修改。

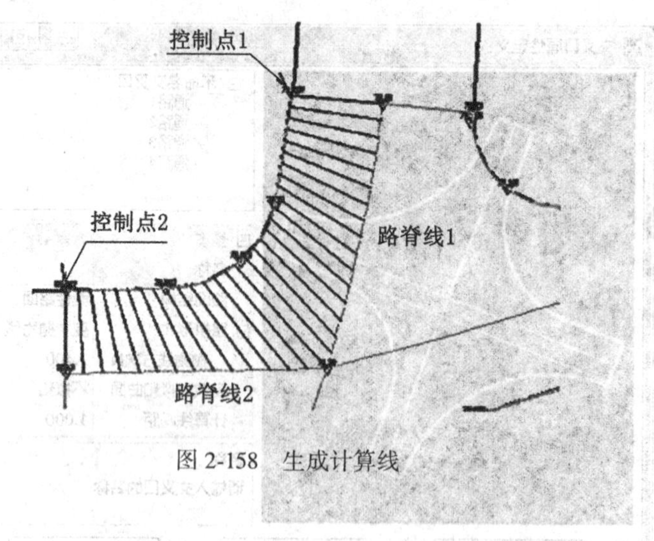

图 2-158 生成计算线

2.8.3 板块划分

板块划分即对交叉口进行板块划分。板块划分有两种方式：板块自动划分和交互设计。

1. 板块自动划分

点击："交叉口→板块划分→自动划分"。程序提供了四种自动化分板块的方法，用户可根据不同道路选择使用。

方法一适用于等级相差较大的道路形成的十字交叉。程序以主道路为基准绘制板块。方法二适用于等级相差较小的道路形成的十字交叉。此时仍以主道路为准，但交汇区板块尺寸兼顾两条道路。方法三适用于相同等级道路形成的十字交叉。此种方法在道路接近正交时效果最好。最后一种方法专门用于环岛交叉。

注意：由软件自动完成的板块网线设计人员可任意修改(只要在板块线层上程序均可处理)。

2. 交互设计

(1)平行某线划分：单击"交叉口→板块划分→平行某线划分"，选择板块划分平行基线(已有板块线不能作为基线)，一般选道路中心线。点取板块划分基点，输入相对于基线的偏移距离，输入"G"，可修改板块大小。

(2)垂直已有板块线划分：单击"交叉口→板块划分→垂直已有板块线划分"，选择已有板块线作为垂直基线(最好选道路中线处的板块线)，在基线上点取板块划分基点，输入垂直线间距，点示垂直线半宽，点示划分范围即可。

注意：也可用 ACAD 命令直接划分，划分完后，需将其转到"板块划分线图层上"。

(3)板块修剪：单击"板块修剪"，程序会自动剪去交叉口范围外及绿化带内的板块划分线。

(4)边板修剪，对于交叉口圆弧过渡处的不规则板块，可单击：交叉口→板块划分→边板修剪命令进行修剪。

(5)拉伸角点，可自由拉伸板块线的交点。

(6)删除角点，删除板块交点。

2.8.4 交叉口竖向设计

交叉口竖向设计包括角点标高的计算(刚性路面)和等高线的生成。对于路脊线交于一点的交叉口，可直接点取“角点标高计算”“生成等高线”，由程序根据基本参数自动进行设计。而对于路脊线不交于一点的交叉口(例如环岛交叉)，则要先生成计算线，然后再进行角点、等高线的计算生成。计算线为交叉口竖向设计中，自动设计与交互设计产生联系的一个重要的中间环节。

下面对它的功能及生成方法作一详细说明：在“基本参数输入”中输入了交叉口的基本参数后，程序可全自动地进行交叉口的竖向设计。但由于交叉口的复杂性，自动计算的结果不可能百分之百达到最佳，所以要对自动设计进行有效的控制。这种控制是通过计算线来实现的。程序进行自动设计的基础数据是由基本参数计算出的各道路入口、缘石切点中点等基本控制点，只要修改了这些控制点的标高，再由修改后的控制点生成计算线，最后由新的计算线进行设计，就可以达到控制自动设计的目的。

程序运行的步骤：先检测交叉口内是否存在计算线，如果存在，则直接由图面计算线进行计算；如果不存在，程序就根据基本参数自动进行计算。计算线的生成：程序提供了选择分区、选线生成、全部生成三种生成计算线的方法。第一和第三两种方法为自动生成，区别是第一种方法一次生成一个区，第三种方法为一次全部生成。这两种方法虽然自动化程度高速度快，但在有些情况下会不成功(因为找不到边界分区不成功)。“选线生成”法实际是由用户手工确定边界的一种方法。

需要注意的是，无论哪种方法生成计算线，路脊线交点、端点，以及路边线端点必须有控制点。另外，所有在路脊线上、路边线上的控制点均影响计算线，也就是除基本控制点外，用户还可在路脊线及路边线上任意位置定义控制点。基本控制点标高可通过点击：“交叉口工具→定义工具→控制点定义→C 选项”修改。

2.9 街景

软件内置多种三维图块可方便调用，绿化带路面可自动填充，简单处理后，可使用CAD 的功能快速生成三维效果图。

2.9.1 平面布树

1. 沿路布树

软件除了提供分类编辑、面积计算、文字处理等多种实用高效的编辑工具外，还包含许多种专业图库，以及简单的标志标线模块，以辅助提高道路设计绘图效率。

单击：“街景→沿路布树”，弹出“平面树图库”窗口，如图 2-159 所示。

直接点取幻灯选树种，然后点击“确定”，命令行提示：

直径<5.00>：

间距<20.00>：

请选择道路边线：

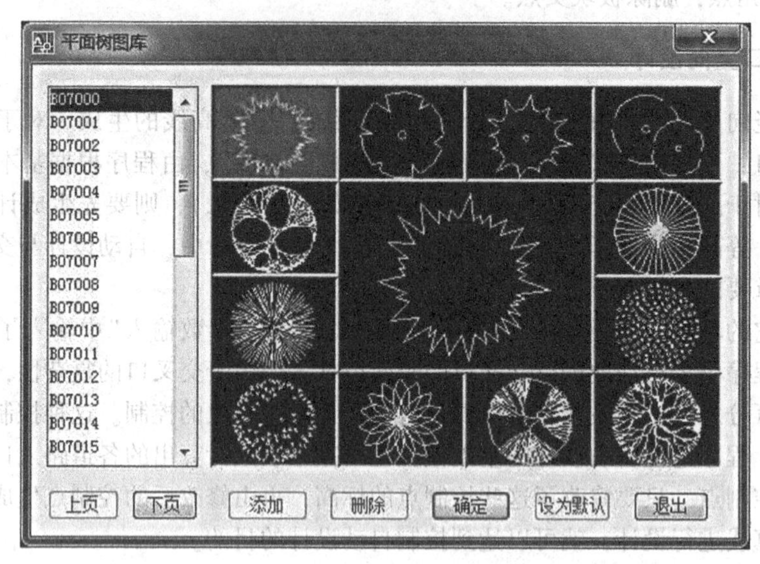

图 2-159 平面树图库

请点取布置方向：

请输入距道路边线距离<3.00>米：

布置结果如图 2-160 所示。

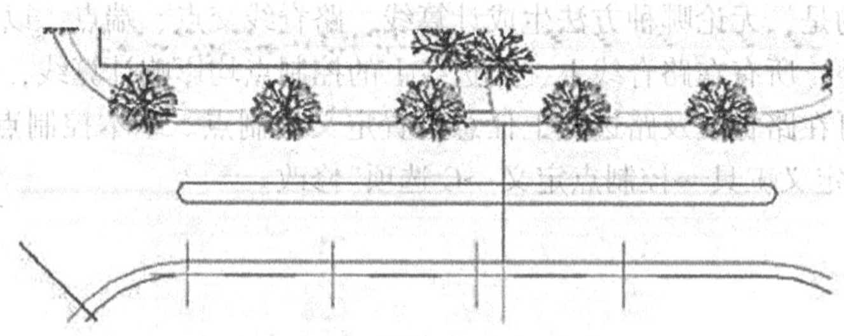

图 2-160 平面布树

2. 单点布树

单击："街景→单点布树"，仍弹出"平面树图库"窗口，选树种，点击"确定"后，命令行提示：

直径<5.00>：

回车退出/<插入点>：

在图面上点一处即布一处。

2.9.2 建筑物

单击："街景→建筑物"，弹出"三维建筑图库"窗口，如图 2-161 所示。

直接点取幻灯选建筑物，然后点击"确定"，在图面上点插入位置即可。

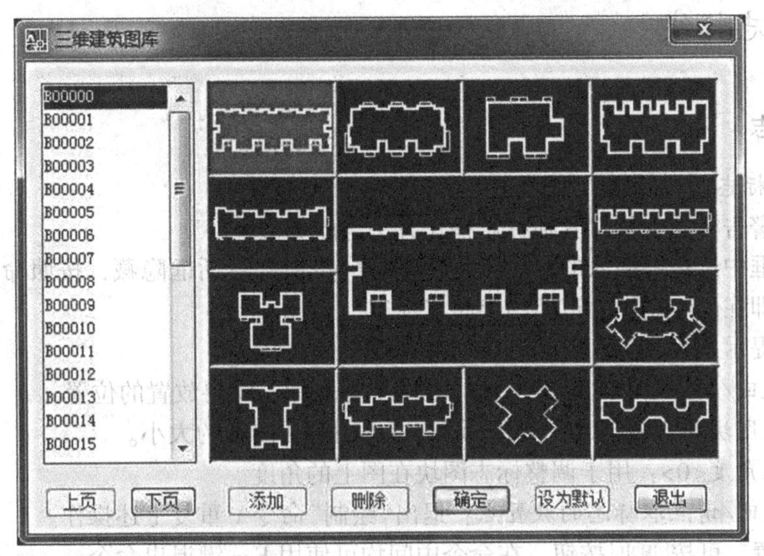

图 2-161　三维建筑图库

2.9.3　三维观察

对三维图进行视点转换观看其三维效果。单击：“街景→视点转换”，弹出“三维视图转换”窗口，如图 2-162 所示。

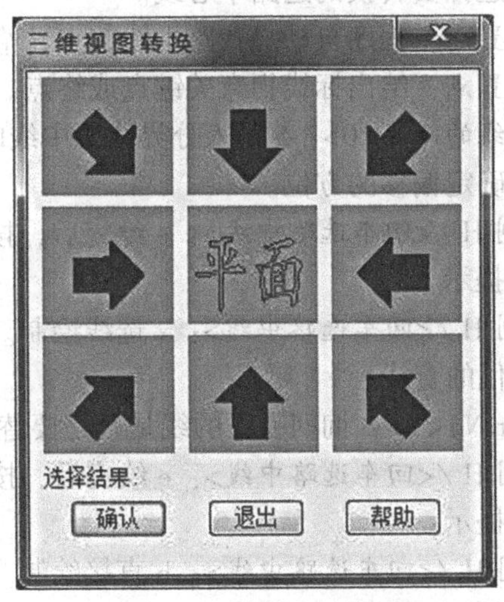

图 2-162　三维视图转换

此项提供了 V0、V45、V90、V135、V180、V225、V270、V315、PM 九个方向的视点转换命令。可直接输入以上转换命令，也可以直接点取幻灯。三维视图视点转换后退回平面时，应点取此窗口中的“平面”或输入 PM 命令。

2.10 标志标线

2.10.1 标志

1. 警告标志

下面以警告标志为例，其他标志操作方法与此类似。

在对话框中选择要插入的标志，点击[确定]按钮。对话框隐藏，按照命令行的提示，逐步操作，即在已绘制好的道路图上布置标志。

命令行提示：

>回车返回/请点取标志的放置点：在图上点取标志将要放置的位置。

>请输入图块的比例<1.0>：用于调整标志图块在图上的大小。

>请输入角度<0>：用于调整标志图块在图上的角度。

>回车返回/请点取标志的放置点：退出“绘制”命令\重复上述操作。

停止布置，可按[退出]按钮。在命令中间均可使用 Esc 键退出命令。

2. 禁止标线

下面以“禁止超车线——黄双实线”为例，其他与此类似。

此命令用于绘制车道禁止超车线——双黄实线，程序提供三种方法绘制标线：选线绘制、直接绘制、选择路中心线绘制。

(1)选择路中心线绘制，命令行提示：

〉退出 E /选线 X /绘制 H /<回车选路中线>：回车由路中线生成标线。

〉请选择起始道路线：选择要转换的道路中心线。

〉请点取该端标线的位置点：程序自动寻找路中线起点，给出标线起点。

〉请点取该端标线的位置点：给出标线拐弯关键点或终点。

〉请输入该分界线距中线的距离<0>：5 输入分界线距中线的距离。

〉请确定偏移的方向：确定偏移的方位。

〉退出 E /选线 X /绘制 H /<回车选路中线>：e 绘完后，按“E”退出。

(2)选线绘制，命令行提示：

〉退出 E /选线 X /绘制 H /<回车选路中线>：x 选线绘制。

〉请选择线：选择要替代的直线。

〉是否为变虚的线(Y or N)<Y>：询问变虚的线是否是要替换的线，回车确认。

〉退出 E /选线 X /绘制 H /<回车选路中线>：e 绘完后，按“E”退出。

(3)直接绘制，命令行提示：

〉退出 E /选线 X /绘制 H /<回车选路中线>：h 直接绘制。

〉回车退出/起点：在图上指示标线起点。

〉回车退出/到点：在图上指示标线终点。

〉退出 E /选线 X /绘制 H /<回车选路中线>：e 绘完后，按“E”退出。

2.10.2 信号灯

该命令用于在图上插入红绿灯标志图块，点取“插入信号灯”，命令行提示：

〉回车返回/请点取信号灯放置点：在图上点取标志将要放置的位置。

〉请输入图块的比例<1.0>：用于调整标志图块在图上的大小。

〉请输入角度<0>：用于调整标志图块在图上的角度。

〉回车返回/请点取信号灯放置点：退出“绘制”命令 \ 重复上述操作。

停止布置，可点击退出按钮。在命令中间均可使用 Esc 键退出命令。

2.10.3　标志杆

该命令用于在图上放置交通标志杆，点取“插入标志杆”，命令行的提示：

〉回车退出 /<请点取标志杆的放置点>：点取标志将要放置的位置。

〉参考线定方向 V/请点选标志杆臂的方向<0>：输入角度，或按“v”。

〉选择方向参考线：选取道路参考线，例如道路边线。

〉与所选线段夹角<0>：输入标志方向与参考线的夹角(输 0 为平行)。

〉请点选标志杆臂确定标志杆臂的方向。

〉请点取标志牌的朝向：确定标志牌的朝向。

弹出如图 2-163 所示对话框。选择标志杆形式，在下方输入标志杆参数 L1、L2、H。然后点击确定按钮，退回到图中。

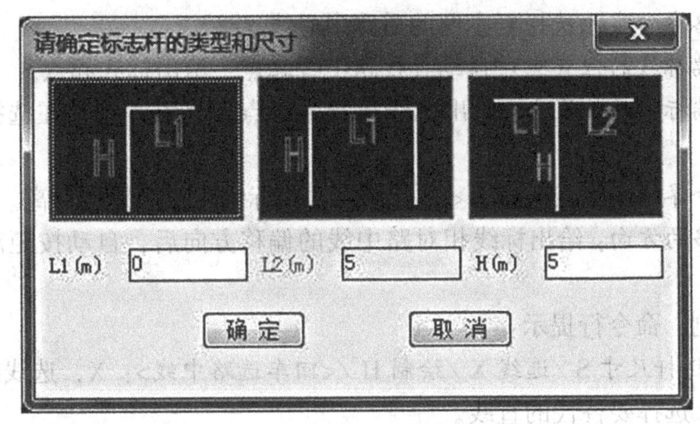

图 2-163　确定标志杆的类型和尺寸

标志杆图形表示如图 2-163 所示。标志杆臂没有在图上表示。点击“修改标志杆”命令，选择要修改的标志杆图块，调出对话框，如图 2-164 所示，可以重新修改定义标志杆参数。

2.10.4　隔离栏杆

隔离栏杆分为高隔离栏杆与矮隔离栏杆。下面以高隔离栏杆为例。

此命令用于绘制高隔离栏杆，提供三种方法绘制标线：选线绘制、直接绘制、选择路中心线绘制，栏杆尺寸可设置。

(1)设栏杆尺寸，命令行提示：

〉退出 E /选线 X /设栏杆尺寸 S /绘制 H /<回车选路中线>：S，设栏杆尺寸。

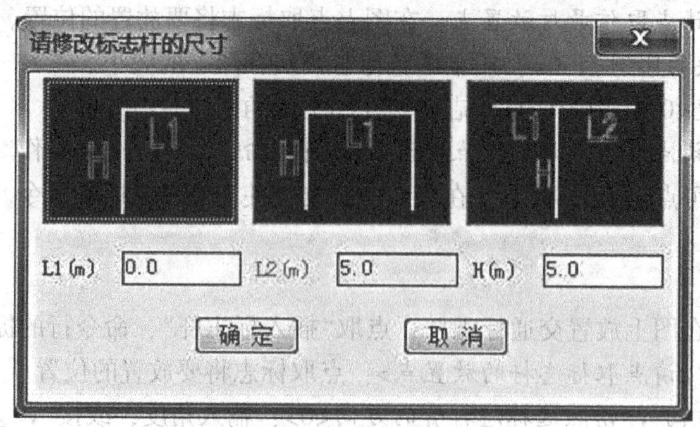

图 2-164 修改标志杆图块

〉请输入栏杆的高度：<1.2>，输入高隔离栏杆高度。

〉请输入栏杆的宽度：<5.0>，输入高隔离栏杆宽度。

(2)参照路中线生成栏杆，命令行提示：

〉退出 E/设栏杆尺寸 S/选线 X/绘制 H/<回车选路中线>：回车参照路中线生成栏杆。

〉请选择道路中心线：选择要参照的道路中心线。

〉请点取该端标线的位置点：自动寻找路中线起点，给出标线起点。

〉请点取该端标线的位置点：给出标线拐弯关键点或终点，自动在选择的路中线上绘制栏杆。

〉请输入该分界线距中线的距离<0>：10，给出标线距路中线的距离。

〉请确定偏移的方向：给出标线相对路中线的偏移方向后，自动按距离和方向移动绘制好的栏杆。

(3)选线绘制，命令行提示：

〉退出 E/设栏杆尺寸 S/选线 X/绘制 H/<回车选路中线>：X，选线绘制。

〉请选择线：选择要替代的直线。

〉是否为变虚的线(Y or N)<Y>：询问变虚的线是否是要替换的线，回车确认。将变虚的线变成高隔离栏杆。转换完成，返回。

(4)直接绘制，命令行提示：

〉退出 E/选线 X/设栏杆尺寸 S/绘制 H/<回车选路中线>：H，直接绘制。

〉回车退出/起点：在图上指示标线起点。

〉回车退出/到点：在图上指示标线终点。

程序根据给定的起始终点自动绘制栏杆。

2.10.5 路面文字标记

此命令用于在图上绘制路面文字。点击该命令，调出如图 2-165 所示对话框。

选择文字，或直接输入文字，点击 应用 按钮，命令行提示：

〉请输入文字的高度(m)：<2.5>，定义文字高度。

图 2-165 字库管理

〉请点取文字的放置点：点取文字位置。

〉参考线定方向 V/请确定文字旋转方向<0>：定义文字方向。

2.10.6 路面斜线填充

此命令填充任意闭合线段包围的区域，点击该命令，命令行提示：

回车退出 /回退 U /设颜色 S /选闭合线 X /绘边界线 H /<点取填充域>

(1)按“S”，设填充线颜色；

(2)按“X”，直接选择现有闭合线进行填充；

(3)按“H”，先绘制闭合线，然后对其进行填充；

(4)直接使用命令“点取填充域”：在闭合的区域内点一下，命令行提示：

请输入填充的方向：定义填充斜线的方向。

填充效果如图 2-166 所示。

图 2-166 路面斜线填充

第3章　道路工程设计实践

3.1　一般道路设计流程

(1)新建工程或打开工程。

(2)系统设置，设置图框、字体、比例。

(3)原始地形图处理。

(4)平面设计，包括：路线设计，定义、标注桩号、定义主桩号，线转道路，各种平面标注，平面分图。

(5)纵断设计，包括：输入或提取自然标高，动态拉坡以及竖曲线设计，生成纵断数据文件，设置纵断表头，出纵断图。

(6)横断设计，包括：输入或提取自然标高，标准断面定义，边坡定义、挡土墙设计，横断面计算绘图，出土方表。

(7)绘示坡线和征地线。

(8)交叉口设计，包括：定义交叉口属性，划分板块，板块处理，定义控制点标高，绘计算线、等高线、计算角点标高，三维效果观察。

3.2　一般道路设计示例(以公路为例)

3.2.1　地形图处理

1. 新建工程

单击："设置→新建工程"，弹出"新建工程"窗口，如图3-1所示。

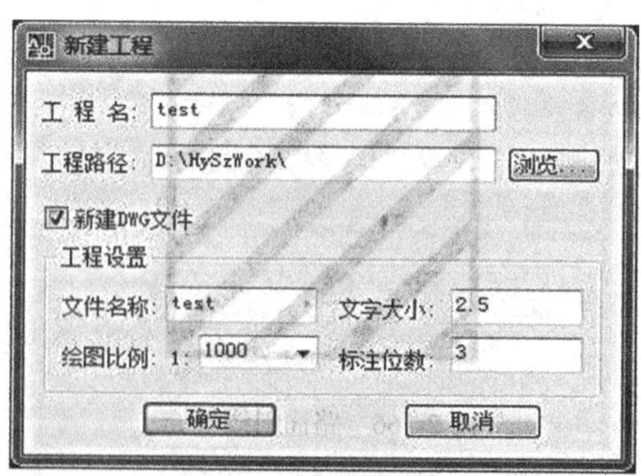

图3-1　新建工程

输入工程名“test”，并填写“工程设置”等，点[确定]按钮，则系统将在“E：\ HySzwork”下新建一名为“test”的文件夹，后续工程中产生的工程文件系统会默认保存在此文件夹下。

2. 把地形图加入到工程中并打开

把“软件安装目录\ Samples \ 平纵横工程\ test”下的“南平 1. dwg”地形图拷贝到刚才新建的工程目录“E：\ HySzWork \ test”下。在“工程管理”的“图形文件”节点上点击鼠标右键，运行“添加文件”，弹出如图 3-2 所示窗口。

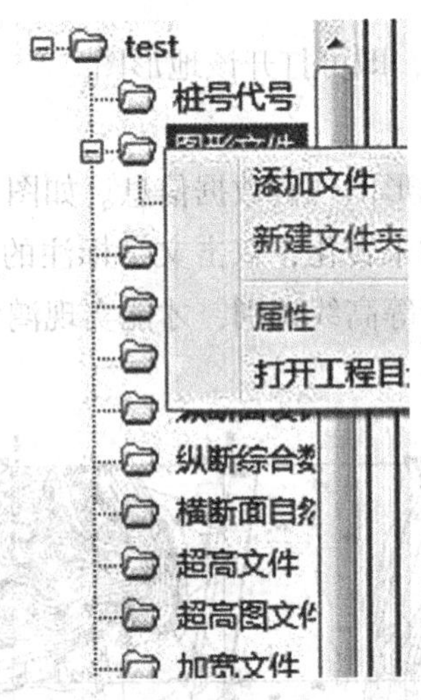

图 3-2　添加文件

选中“南平 1. dwg”，单击[打开(O)]按钮，如图 3-3 所示，“南平 1. dwg”即被添加到工程管理中，如图 3-4 所示。

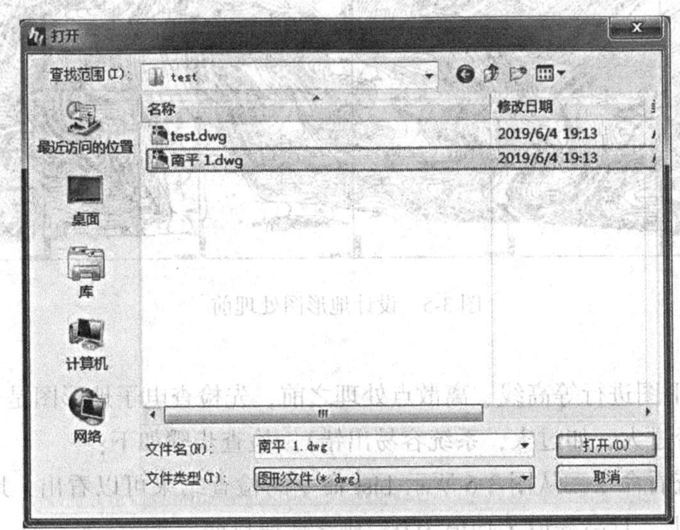

图 3-3　打开文件

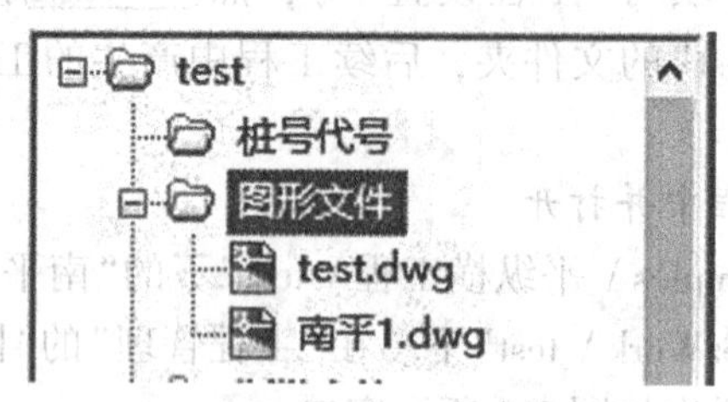

图 3-4 打开地形图

双击工程管理的 南平1.dwg，即可打开该地形图。

3. 处理地形图

打开设计用地形图，观察地形图现有数据信息。如图 3-5 所示，图中既有等高线，又有文字标注的离散点，等高线均未转化，双击文字标注的离散点，可知样式为 TEXT。在进行平纵横设计前，必须先进行等高线识别，才能实现鸿业软件的诸多功能。

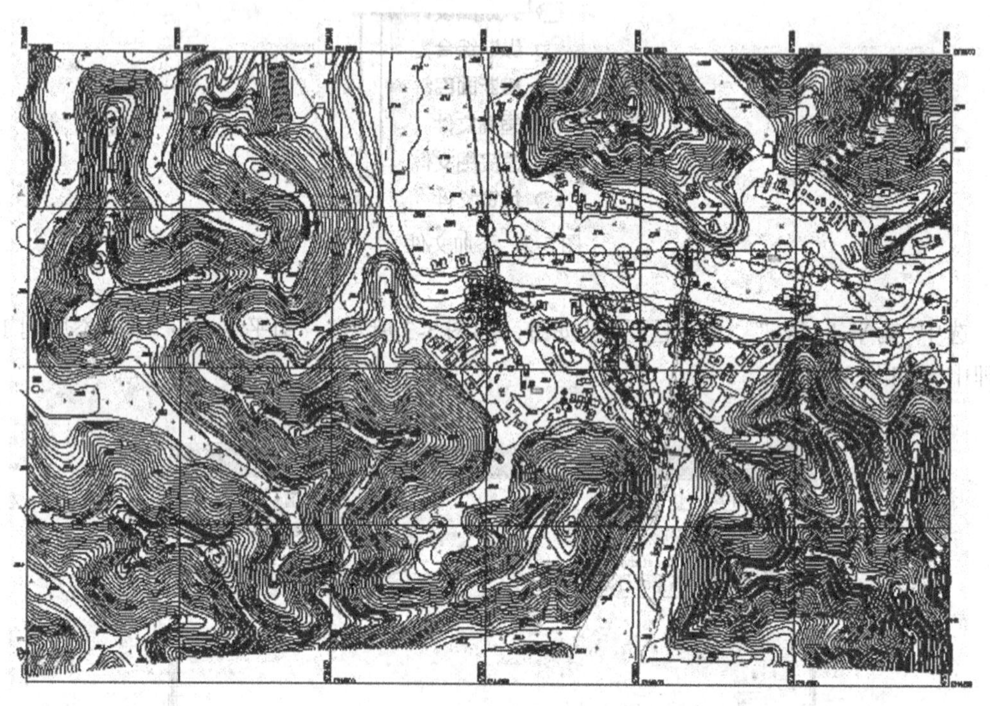

图 3-5 设计地形图处理前

在对电子地形图进行等高线、离散点处理之前，先检查电子地形图是否具有非常大的厚度(即高差是否过大，如过大，系统容易出错)。检查步骤如下：

(1)用 List 查看命令。从图 3-6 所示 List 命令的检查结果可以看出，地形图的等高线不在同一个图层上，且高程值 Z 均值为 0，缺乏高程数据。

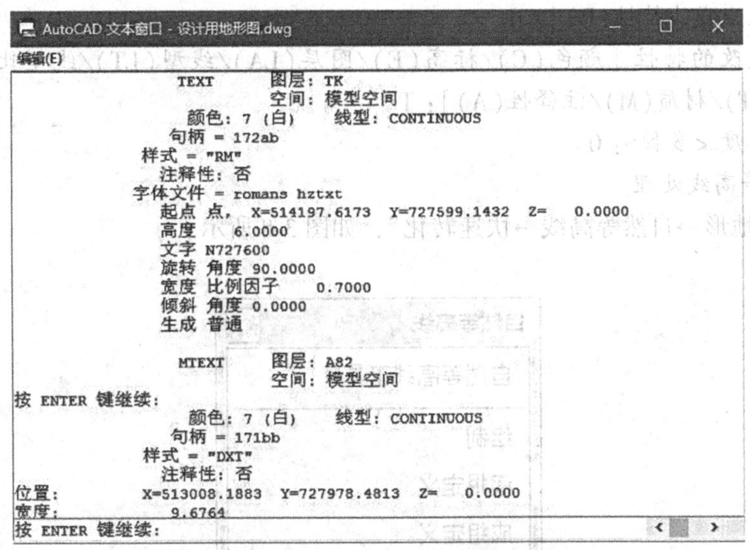

图 3-6　List 命令检查结果

(2) 用 dxsdzh 视点转换命令。点击:"地形→视点转换",选择正立面视图,可以根据经验估计高差大小,如图 3-7 所示。

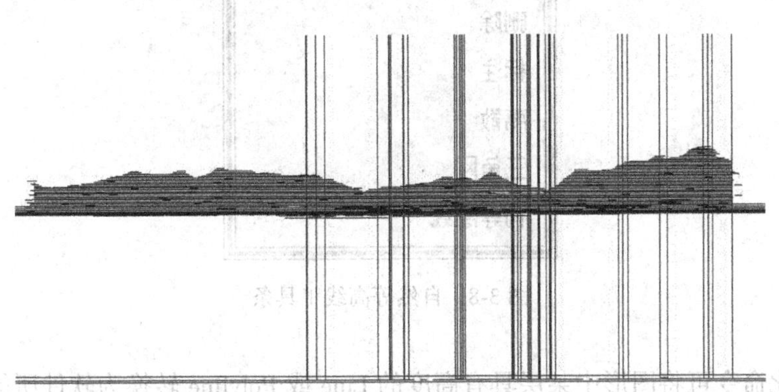

图 3-7　视点转换命令查询结果

(3) 用 extmin、extmax 命令可察看一下地形图的 Z 值范围,用 change 命令可将厚度变为零。用 ZToZero 命令也可将 Z 值转 0。

命令: extmin

EXTMIN = 512981. 6432, 727599. 1432, -3. 8160 (只读)

命令: extmax

EXTMAX = 514230. 8173, 728430. 8000, 120801. 0000 (只读)

命令: change

选择对象: 指定对角点: 找到 37 个

选择对象:

指定修改点或[特性(P)]:p

输入要更改的特性[颜色(C)/标高(E)/图层(LA)/线型(LT)/线型比例(S)/线宽(LW)/厚度(T)/材质(M)/注释性(A)]:T

指定新厚度 <多种>:0

4. 自然等高线处理

单击:“地形→自然等高线→快速转化”,如图 3-8 所示。

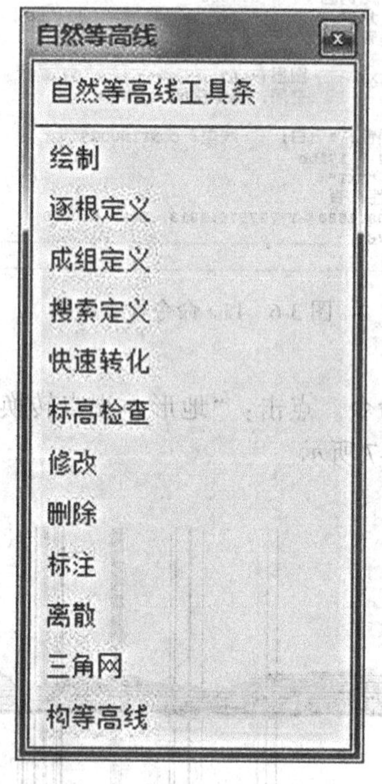

图 3-8 自然等高线工具条

快速转化命令可将图形中某层具有高度的 Line 或 Polyline 转换为软件所能识别的等高线。当原始地形图中的等高线标高已定义时,此命令可将其标高值自动提取出来,并自动转化为软件可识别的等高线。多次识别不同高度的 Line 或 Polyline 的等高线,处理后如图 3-9、图 3-10 所示,等高线具有 Z 值,均在同一图层。

对于快速转化得到的等高线,有时可能会存在错误转化多余的线(可能是河流等其他地貌表示线也被误转化),可用此命令检查图面上有无不合适的自然等高线,将标高超出控制范围的等高线剔除。点击:“地形→自然等高线→标高检查”。命令行提示:

选择对象:选择要进行标高检查的等高线。

请输入最小控制标高:输入等高线最小控制标高。

请输入最大控制标高:输入等高线最大控制标高。

“经过检查,共有 ** 条无效自然等高线!”:程序会提示不在标高控制范围内的等高

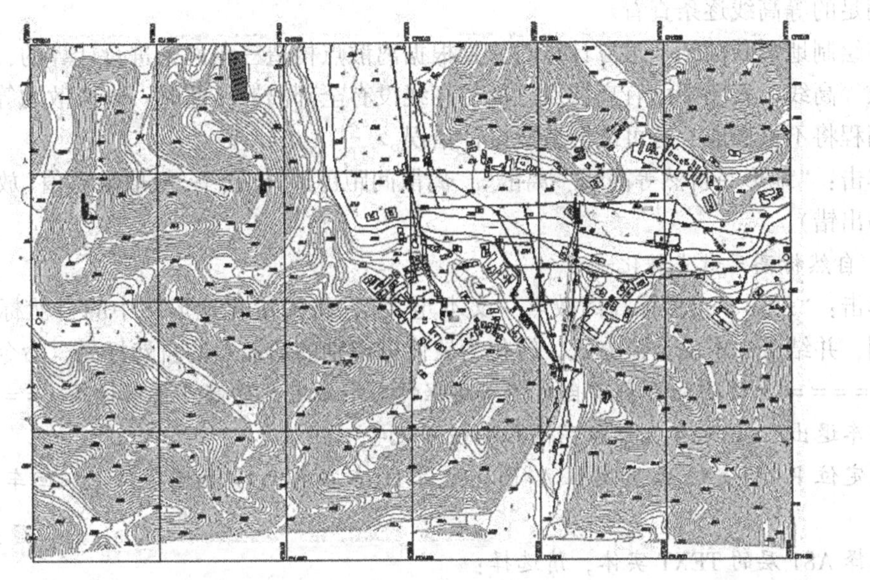

图 3-9　处理后地形图

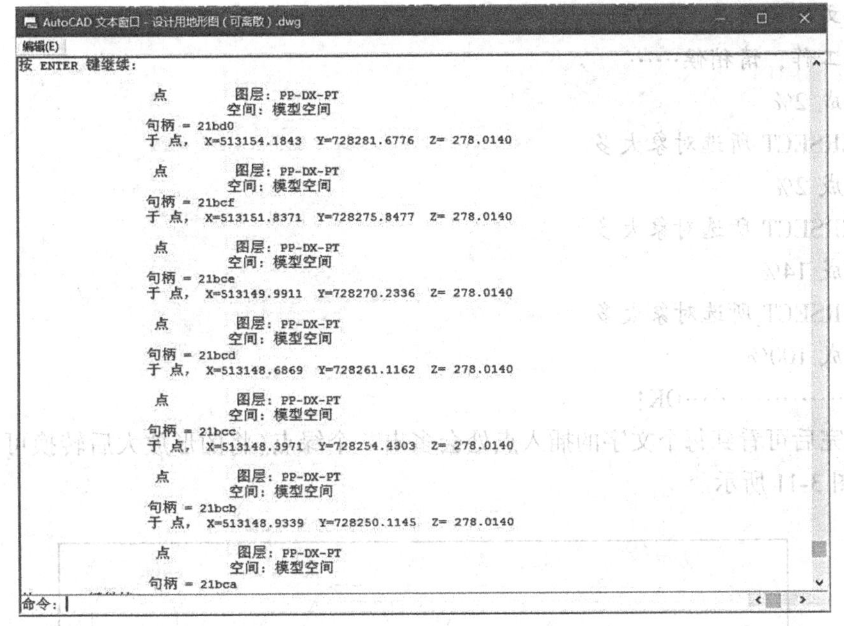

图 3-10　处理后 list 命令检查结果

线的条数。

该等高线标高：程序逐个提示在标高控制范围外的等高线高程，您可通过此后的命令行提示分别对这些等高线进行相应的处理。

退出 X/全部删除 A/删除该等高线 E/<回车下一点>：提示对当前无效等高线的处埋方式。选择 A 删除所有的不合法等高线。选择 E 删除当前不合法等高线。直接回车对所有不满足的等高线逐条查看。

在绘制地形断面图、土方计算时，是根据离散点构造三角网来进行计算的，所以必须先离散等高线。若图中已有离散点，而等高线没有全部离散，此时，未离散的等高线所反映的高程将不被提取，有可能会造成设计错误。

单击："地形→自然等高线→离散"，离散间距可以修改，一般取缺省值(放大后离散不容易出错)。

5. 自然标高离散点转化

单击："地形→自然标高离散点→文本定义"，将矢量化地形图中的自然标高文字自动辨别，并结合文本的定位方式，转化为软件可识别的离散点的自然标高。命令行提示：

===== 通过图面中表示自然标高高程的文字来定义离散点自然标高=====

回车退出/选择表示自然标高高程的任一文字：

点定位 P /块定位 B/圆定位 A/圆环定位 D/点取定位 G/椭圆定位 E/<回车 文字左下角>

选择 A81 层的 TEXT 实体，请选择：

选择对象：指定对角点：找到 265 个

选择对象：

转换文字的图层 Y/<N>

正在工作，请稍候……

已完成 2%

INTERSECT 所选对象太多

已完成 2%

INTERSECT 所选对象太多

已完成 14%

INTERSECT 所选对象太多

已完成 100%

……………………OK!

转化完后可看到每个文字的插入点处会多出一个绿点(将图形放大后转换可以避免出错)。如图 3-11 所示。

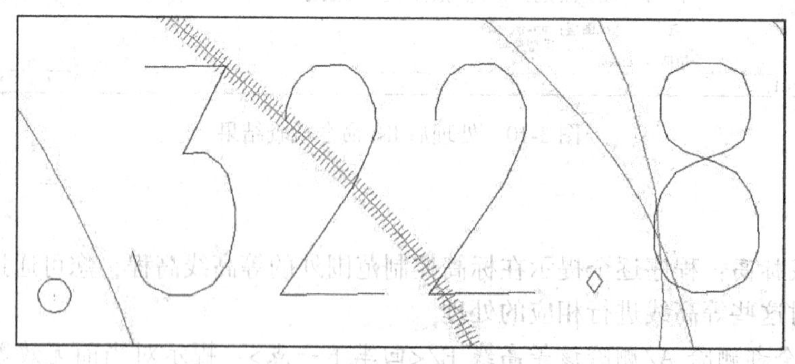

图 3-11 自然标高离散点处理后结果

最后进行标高离散点检查，单击：“地形→自然标高离散点→标高检查”，剔除转化产生的无效点。

6. 地形断面

单击：“地形→地形断面”，命令行提示：

剖断位置起点：（选择左边）

到点：（选择右边）

回车返回 /<到点>:

剖视方向：（往上）

剖视图编号<1>:

采样间距(m)<10.0>:

提取标高信息，请稍候…/

地形断面左下角位置：

竖向放大系数<10.0>:

剖断面如图 3-12 所示。

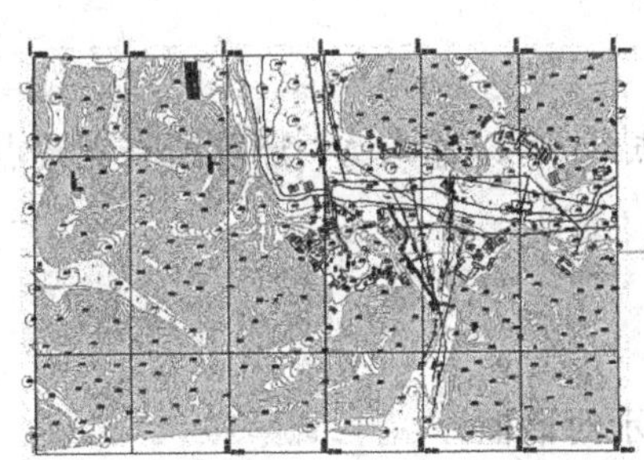

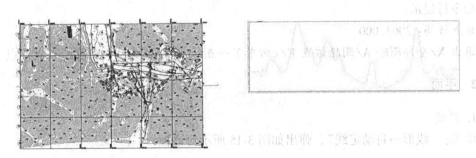

图 3-12 地形断面处理后结果

7. 标高检查

单击：“地形→自然标高离散点→标高检查”，命令行提示：

选择对象：all 选中所有离散点

找到 3385 个

已滤除 3125 个。

请输入最小控制标高：200，本地形图的最小控制标高是 200。

请输入最大控制标高：280，本地形图的最大控制标高是 280。

回车弹出如图 3-13 所示对话框。

图 3-13 鸿业提示框

共检查出两个无效点，点击[确定]按钮，图面出现如图 3-14 所示标识。

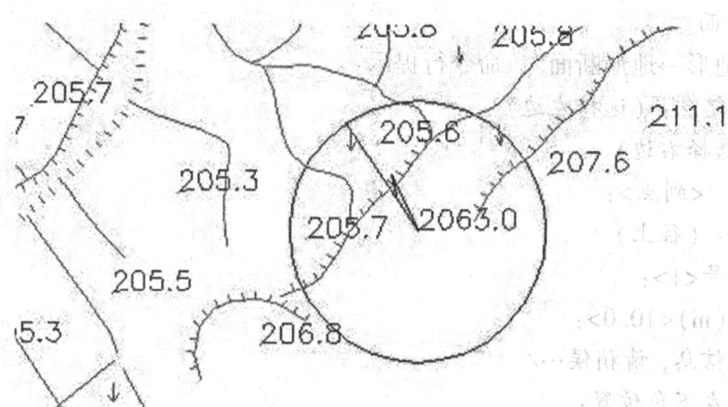

图 3-14　检查无效点

命令行提示：

该点标高：2063.000

退出 X/全部删除 A/删除该点 E/<回车下一点>：可以输入 A，删除所有无效点。

3.2.2　平面

1. 定线

单击："线形→自动定线"，弹出如图 3-15 所示对话框。

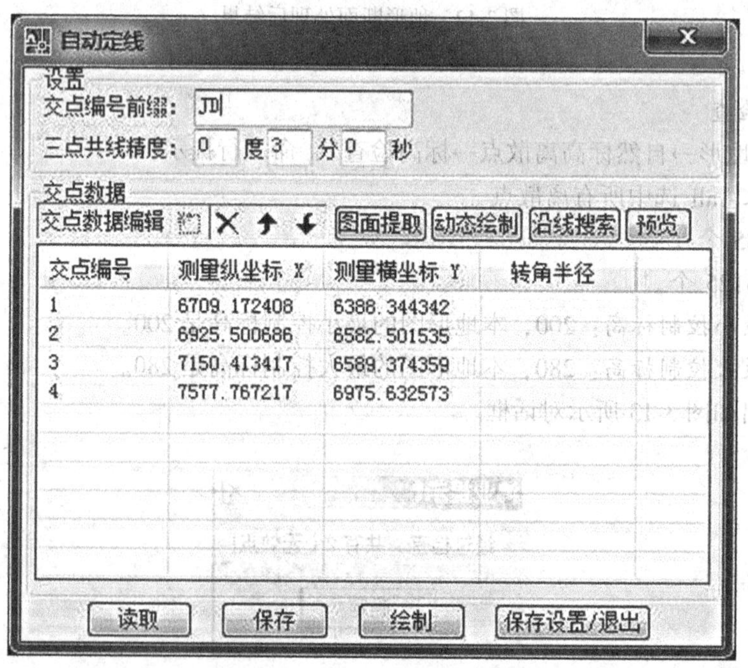

图 3-15　自动定线

单击 读取 按钮，打开“软件安装目录\ Samples \ 平纵横工程\ test \ 折线定线 . hjd”文件。单击 绘　制 按钮，平面线位将会绘制到地形图中。

2. 平曲线设计

在导线两个转折点处设计两个基本型曲线。点击：“线形→导线法设计”，如图 3-16 所示，点击 修改曲线参数 按钮，进入单个线形设计界面，如图 3-17、图 3-18 所示，进行参数设计修改。

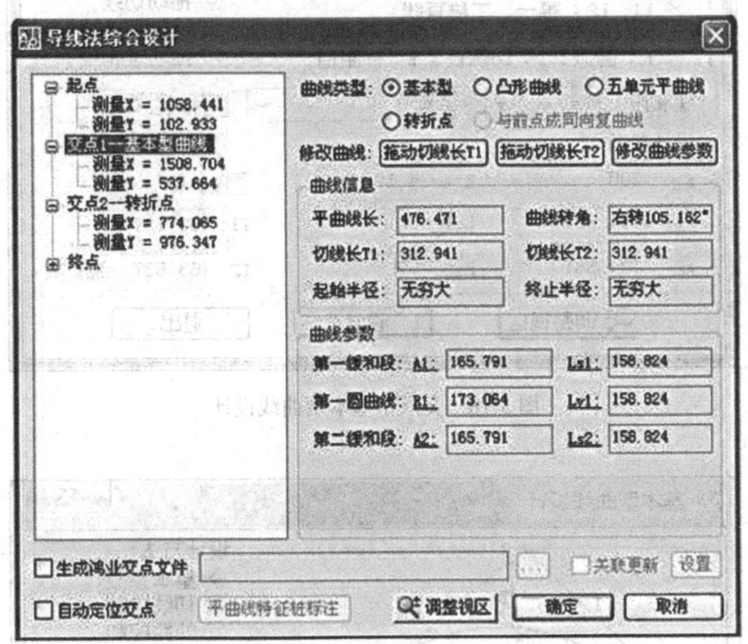

图 3-16　弯道参数设计

两个弯道具体的参数如图 3-17、图 3-18、图 3-19 所示。

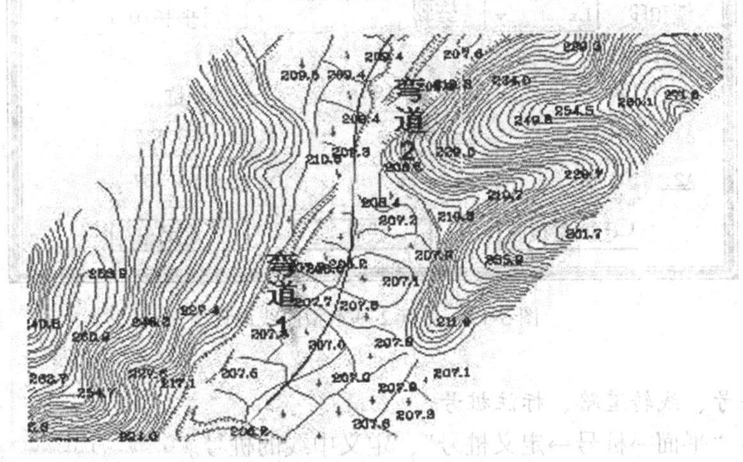

图 3-17　导线法综合设计效果图

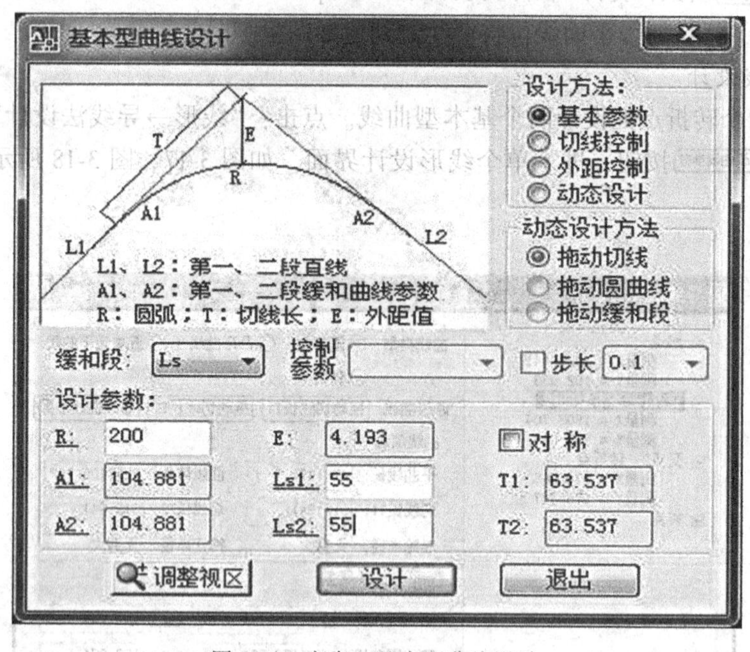

图 3-18　交点 1 基本型曲线设计

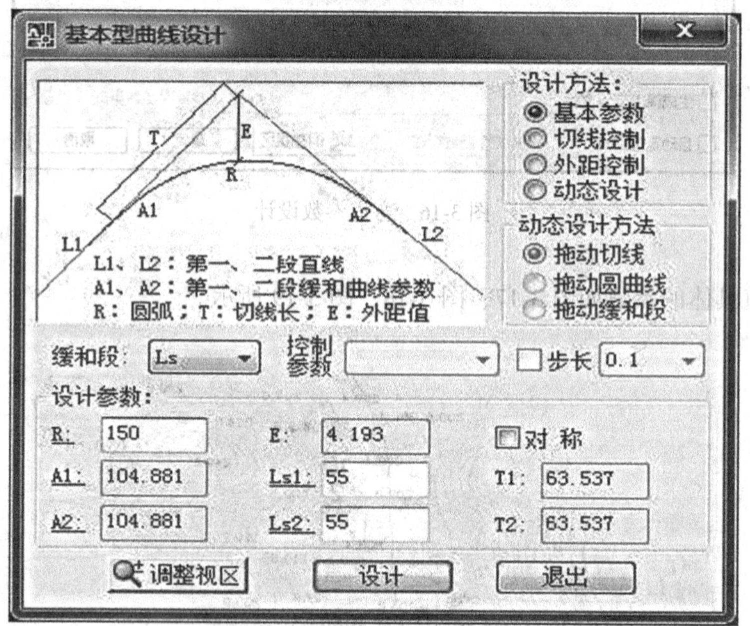

图 3-19　交点 2 基本型曲线设计

3. 定义桩号、线转道路、标注桩号

(1)单击：“平面→桩号→定义桩号”，定义中线的桩号。

桩号代号：ROAD1。

中心线的左下角为桩号起始点，起始桩号为 0。

(2) 单击："平面→线转道路"，选中中心线，弹出如图 3-20 对话框。

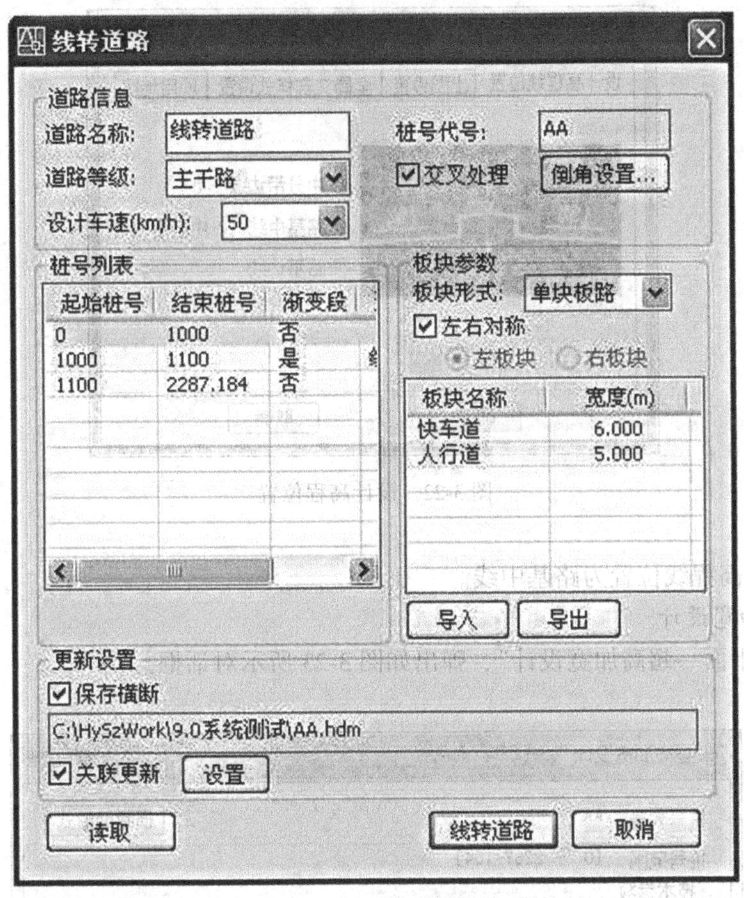

图 3-20　线转道路设计

按照图 3-20 所填写结果，单击线转道路按钮即可。

(3) 单击："平面→桩号→自动标注桩号"，进行桩号标注，如图 3-21 所示。

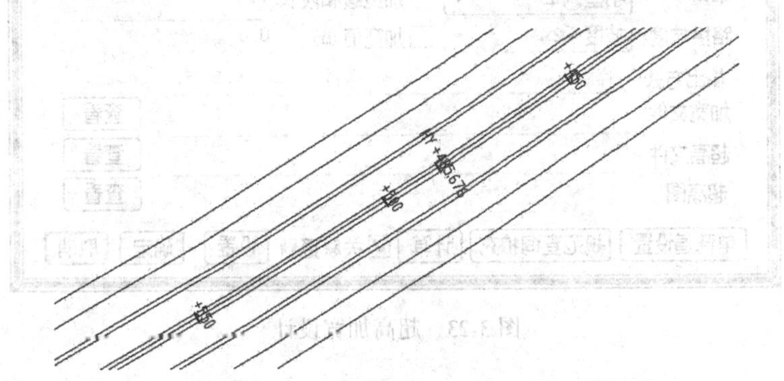

图 3-21　显示桩号参数

4. 设置设计高程线位置

点击："设置→综合设置"，选择"设计高程线位置"页签，弹出如图 3-22 对话框。

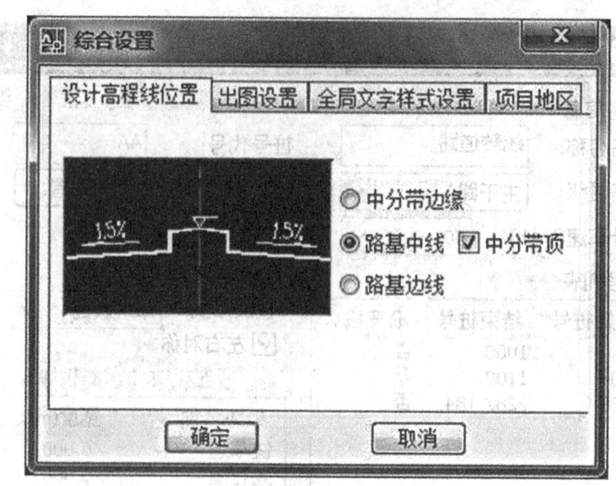

图 3-22 设计高程位置

设置设计高程线位置为路基中线。

5. 超高加宽设计

点击："平面→超高加宽设计"，弹出如图 3-23 所示对话框。

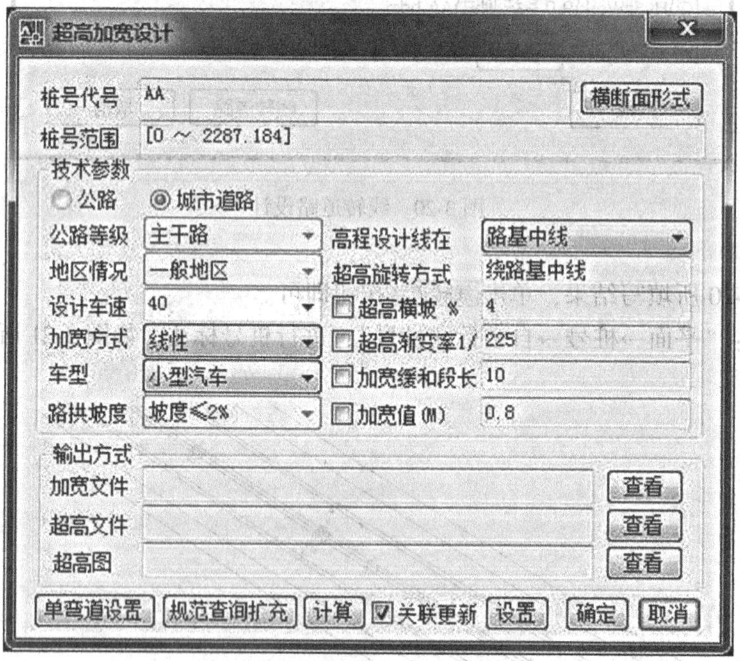

图 3-23 超高加宽设计

单击[横断面形式]按钮，弹出如图 3-24 所示对话框，进行横断面形式设置。

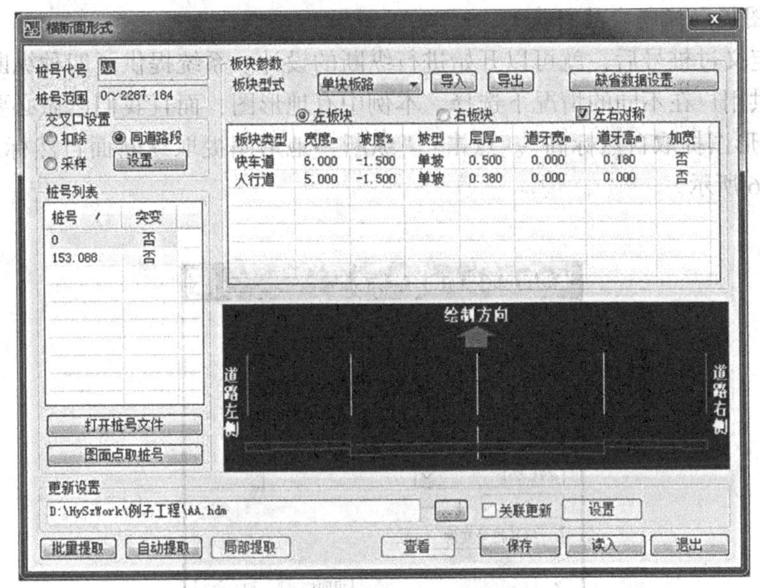

图 3-24　横断面形式设置

软件会把平面图上道路两端的横断面形式提取出来。在图 3-24 中可以设置板块的属性。

下面采用软件提取的结果，把板块参数中的“加宽”栏改成“是”。单击[保存]按钮，保存文件。文件名采用默认文件名 ROAD1。保存文件后，点击[退出]按钮，回到如图 3-23 所示对话框。

点击图 3-23 中的[单弯道设置]按钮，弹出如图 3-25 所示对话框。软件会查询超高加宽规范把相关的参数显示到图 3-25 所示对话框中。用户也可以根据设计需要进行修改。

超高加宽设置

序...	R...	超...	控制方式	复...	且...	超高缓和段1	超高缓和段2	加宽方式	加...	加宽宽度	加宽缓和段1	加宽缓和段2
CK1	200	6	超高缓和段	0	0	55	55	直线加宽	一类	0.3	55	55
CK2	150	6	超高缓和段	0	0	55	55	直线加宽	一类	0.32	55	55

保存　打开　确定　退出

图 3-25　超高加宽设置

采用默认的参数进行设计，单击[确定]按钮，回到图 3-23 所示对话框。

点击[计算]按钮，即可完成超高加宽计算。

超高加宽在后续的纵、横断出图时都会有所体现。

3.2.3 纵断

1. 地形图提取纵断自然标高

当道路定义过桩号后，就可以开始进行纵断的设计。系统提供了四种纵断自然标高的录入方式，供用户在不同的情况下选择。本例中有地形图，而且我们已做必要的处理，所以选择“从地形图提取自然标高”。点击：“纵断→地形图提取纵断面自然标高”，弹出对话框如图 3-26 所示。

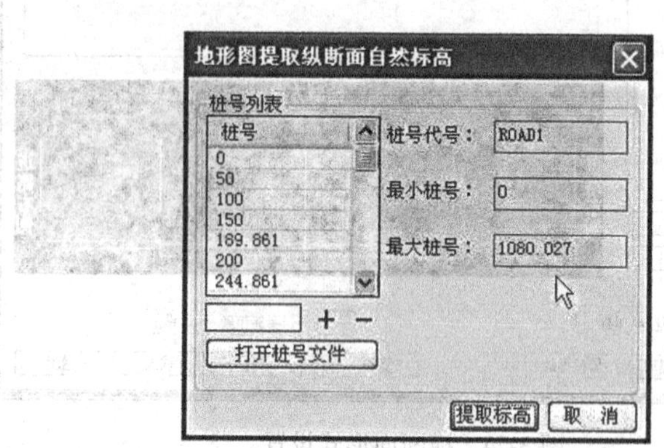

图 3-26 地形图提取纵断面自然标高

单击提取标高按钮，弹出如图 3-27 所示对话框。

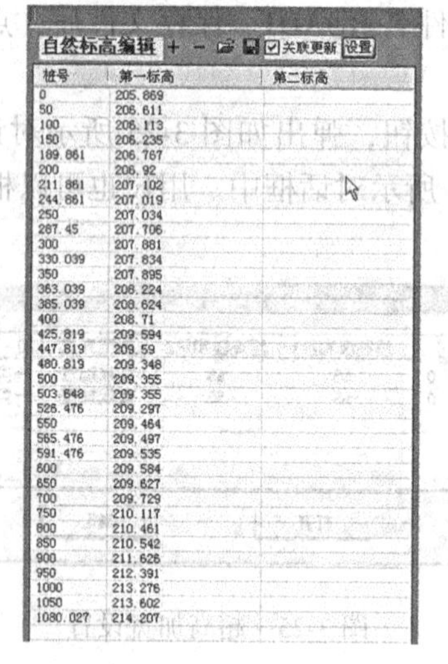

桩号	第一标高	第二标高
0	205.869	
50	206.611	
100	206.113	
150	206.235	
189.861	206.767	
200	206.92	
211.861	207.102	
244.861	207.019	
250	207.034	
267.45	207.706	
300	207.881	
330.039	207.834	
350	207.895	
363.039	208.224	
365.039	208.624	
400	208.71	
425.819	209.594	
447.819	209.59	
480.819	209.348	
500	209.355	
503.648	209.355	
526.476	209.297	
550	209.464	
565.476	209.497	
591.476	209.535	
600	209.584	
650	209.627	
700	209.729	
750	210.117	
800	210.461	
850	210.542	
900	211.626	
950	212.391	
1000	213.276	
1050	213.602	
1080.027	214.207	

图 3-27 提取标高

单击按钮，保存提取结果。文件名采用默认文件名 ROAD1。

2. 纵断面设计

点击：“纵断→纵断面设计”，弹出如图 3-28 所示对话框。

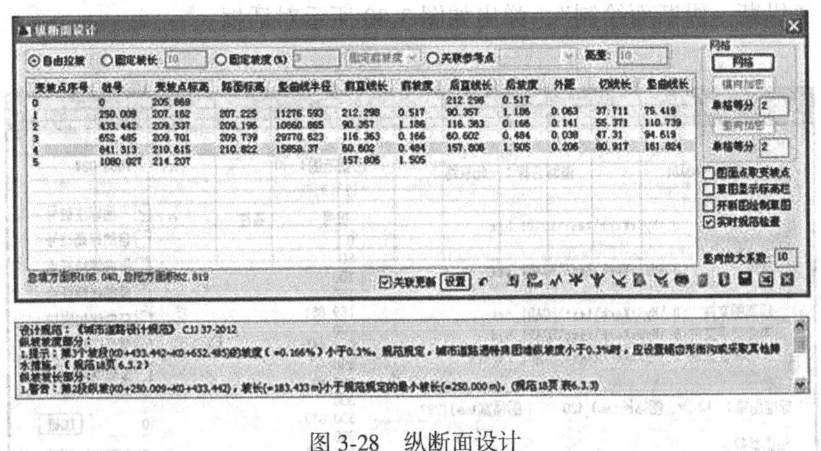

图 3-28　纵断面设计

(1)首先点击绘制草图按钮，绘出纵断草图，图表中纵断设计线的起点和终点默认在自然地面线的起点和终点.

(2)点击动态拉坡按钮，在图面纵断设计线上点取一点，拉出纵断设计线的坡度，表中自动加入拉坡点的数据。也可以在表格中直接对结果进行修改(重复此步可加入更多变坡点)。

(3)点击竖曲线设计按钮，对每个变坡点进行竖曲线设计。

(4)点击保存文件按钮，保存数据退出。文件名采用默认文件名 ROAD1。

3. 纵断表头定制

单击："纵断→纵断表头定制"，弹出如图 3-29 所示对话框。按照图 3-29 所示对话框中设计的结果进行设置。设置完毕，点击确认按钮即可。

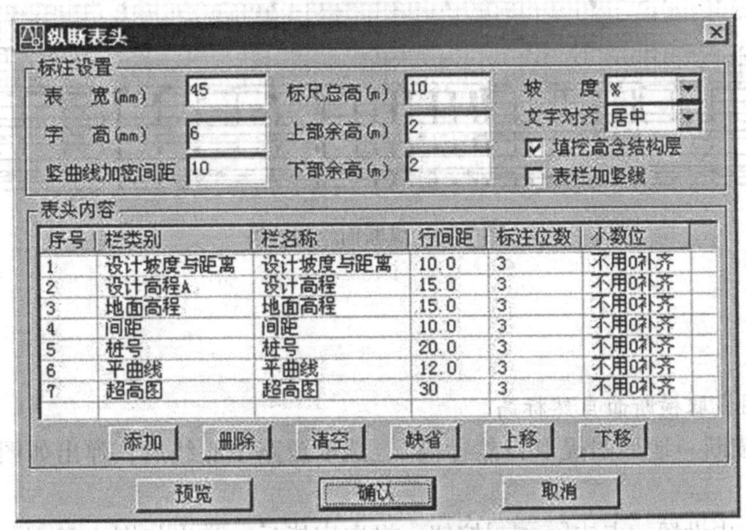

图 3-29　纵断表头设置

4. 纵断面绘制

点击："纵断→纵断面绘制"，弹出如图 3-30 所示对话框。

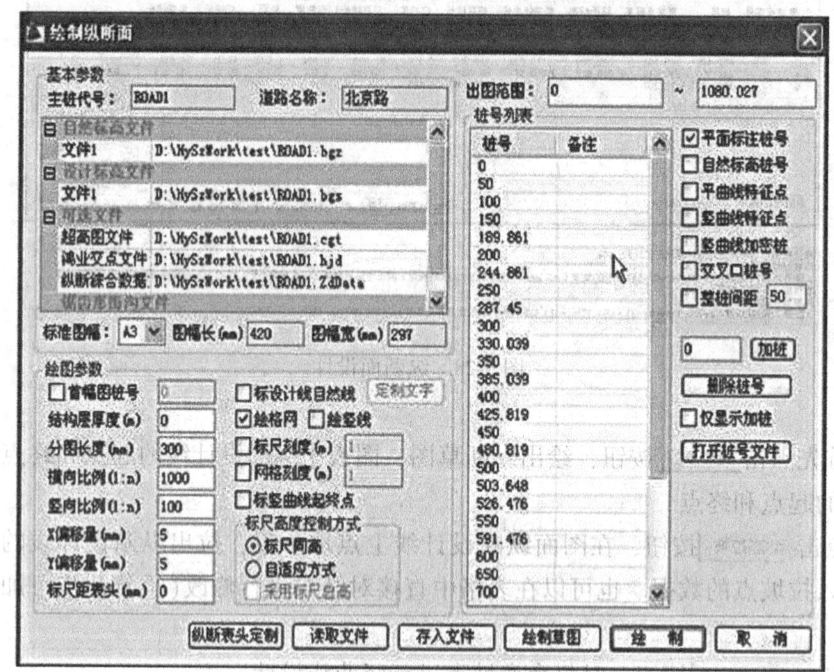

图 3-30 纵断面绘制

按图 3-31 所示设置，完毕后，点击[绘 制]按钮即可。

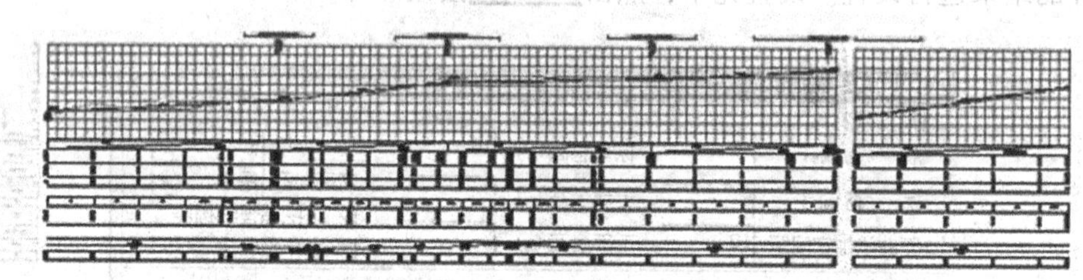

图 3-31 纵断面绘制效果

3.2.4 横断

1. 地形图提取横断面自然标高

点击："横断→地形图提取自然标高"，选取道路中心线后，弹出如图 3-32 所示对话框。

按图 3-32 中设置，点击[提取标高]按钮，提取完毕后，弹出如图 3-33 所示界面。在图 3-33界面中保存提取结果即可。文件名采用默认文件名 ROAD1。

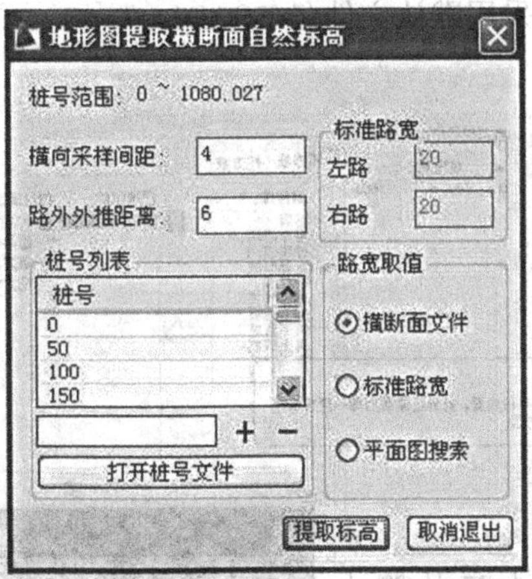

图 3-32 地形图提取自然标高

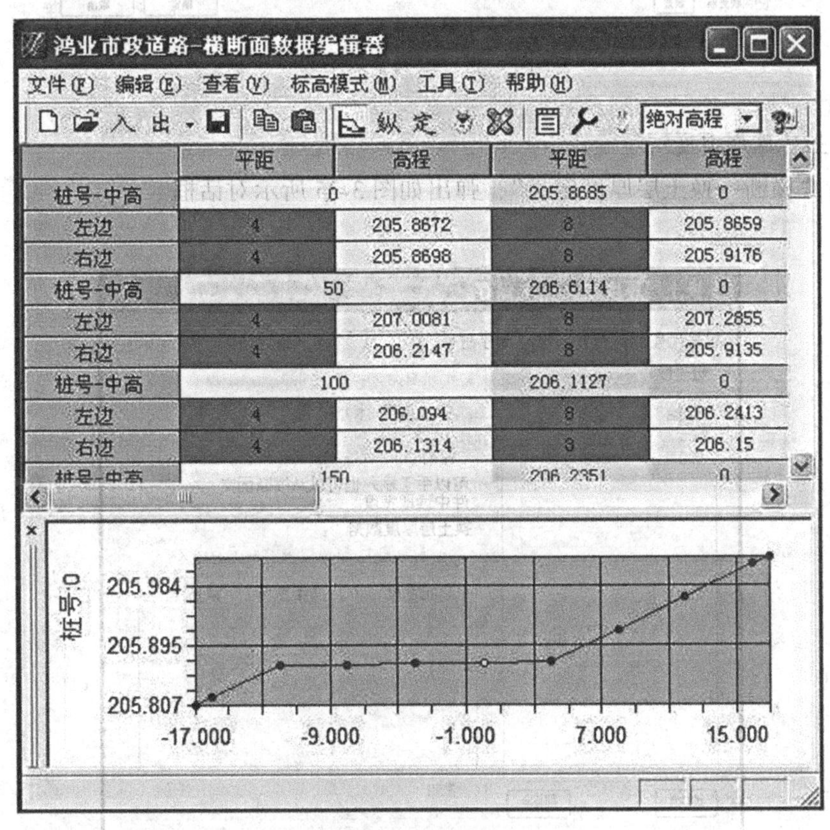

图 3-33 横断面数据编辑器

2. 边坡参数定义

如图 3-34 所示，本例设置左右对称边坡，选中“左右边坡对称”，选中桩号段，0~1080.027，增加填挖高范围，如 0<=H<=1000，并选中该填挖高范围后，在“填方坡”中

增加一个“自由放坡”组件。在“挖方坡”中增加一个“自由放坡”组件。设置完毕，单击[确定]按钮即可。文件名采用默认文件名ROAD1。

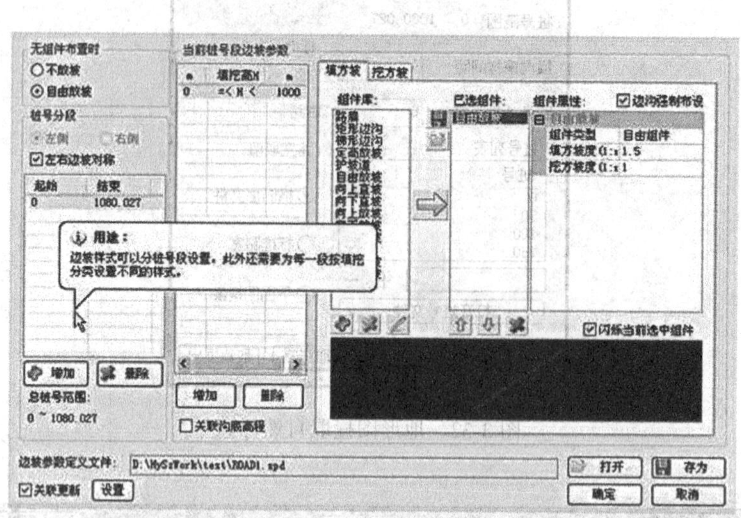

图 3-34 边坡参数定义

3. 换土层厚度定义

点击：“横断→换土层厚度定义”，弹出如图 3-35 所示对话框。

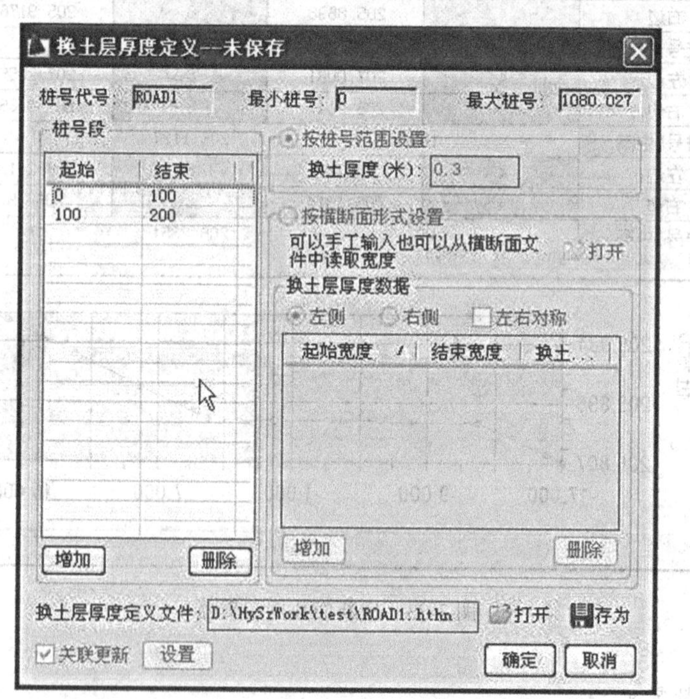

图 3-35 换土层厚度定义

在桩号段的列表上增加两个桩号段：0~100，100~200，选中 0~100 桩号段，设置换土厚度为 0.3。

在“桩号段”中，“起始”输入 0，“结束”中输入 100。“换土厚度”为 0.3(即从 0~100 桩的换土厚度为 0.3 米，在随后绘出的横断面图中将有一条灰色的换土层线)。同理，将 100~200 桩号段的换土厚度设为 0.4。定义结束后，点击确定按钮，系统将自动按上图中的文件名进行保存。

文件名采用默认文件名 ROAD1。

4. 横断面出土设置

单击：“横断→横断面出图设置”，弹出如图 3-36 所示对话框。

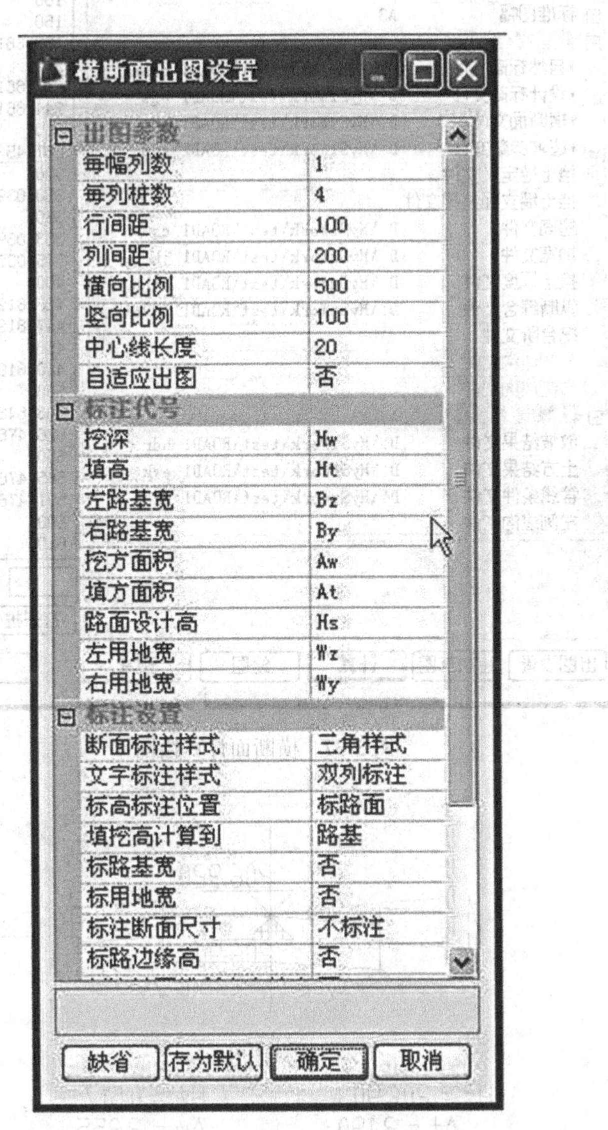

图 3-36　横断面出图设置

按图 3-36 设置完毕，点击[确定]按钮即可。

5. 横断面计算绘图

单击："横断→横断面计算绘图"，弹出如图 3-37 所示对话框。点击[计算]按钮，然后再点击[绘图]按钮，即可绘制出横断面，如图 3-38 所示。

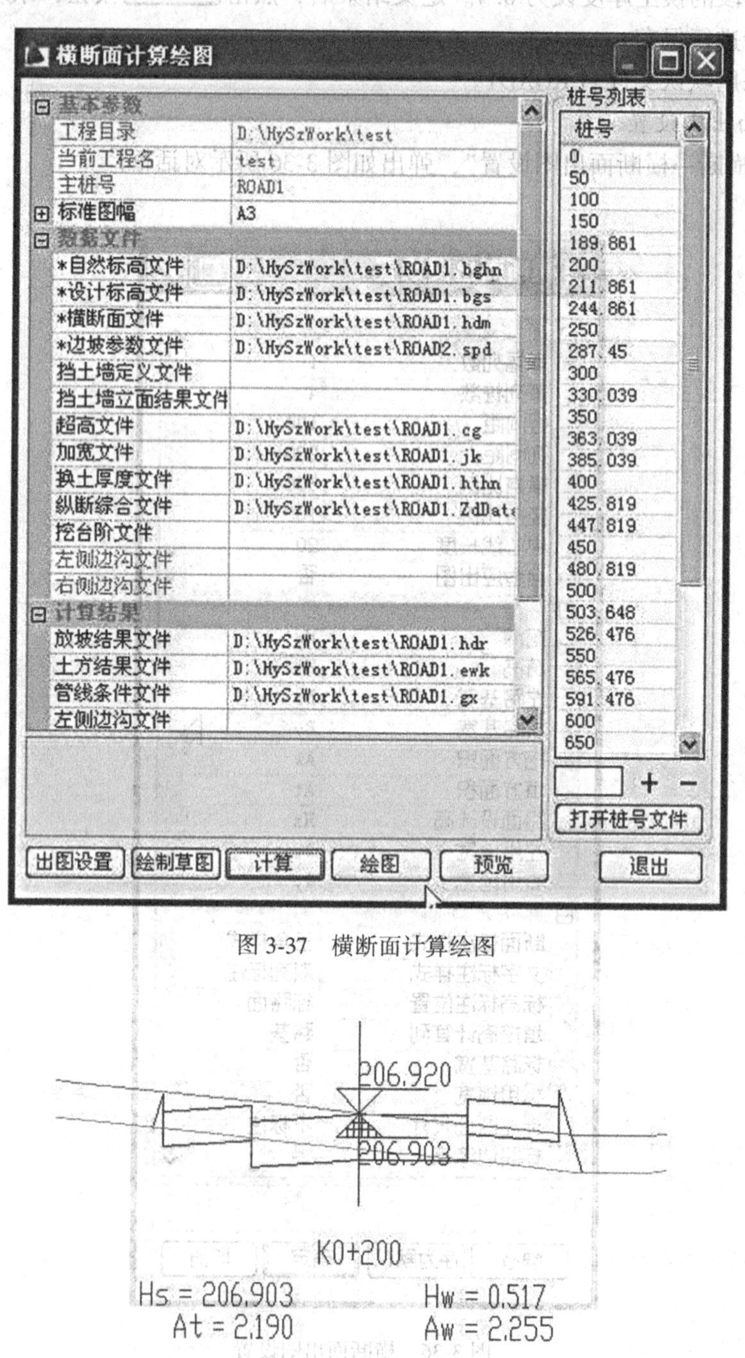

图 3-37 横断面计算绘图

图 3-38 横断面绘制结果

3.3　一般道路交通设计示例(以城市道路为例)

3.3.1　交叉口处理

在进行标志标线前，自行绘制一条线路，并对线路进行平纵横设计处理，点击“绘制道路”，进行相关参数设计，并保存数据。如图 3-39 所示，设置北京路为主干路、四块板路。

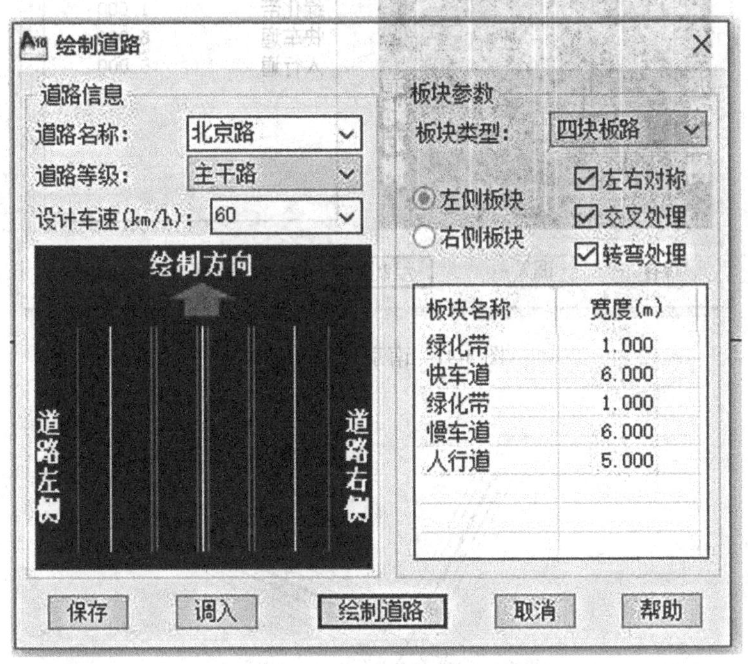

图 3-39　北京路参数设置

点击「绘制道路」按钮后，跟随软件提示，在原有路线上绘制道路，如图 3-40 所示。

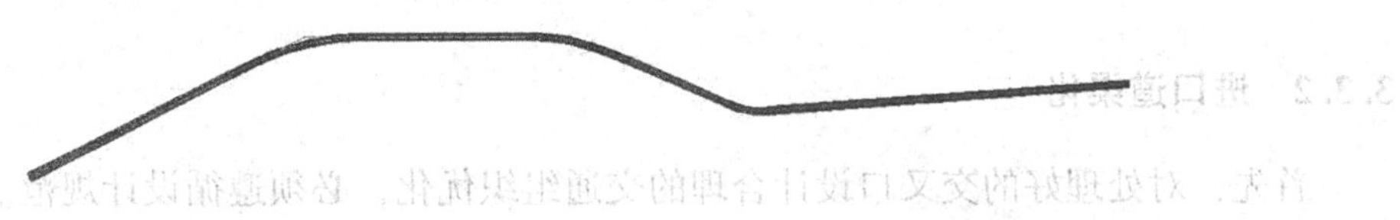

图 3-40　绘制结果图

同理，设置南京路为次干路、两块板路，如图 3-41 所示。

点击「绘制道路」按钮后，在垂直于北京路方面上绘制南京路，并与北京路相交，软件自动处理交叉口，如图 3-42 所示。

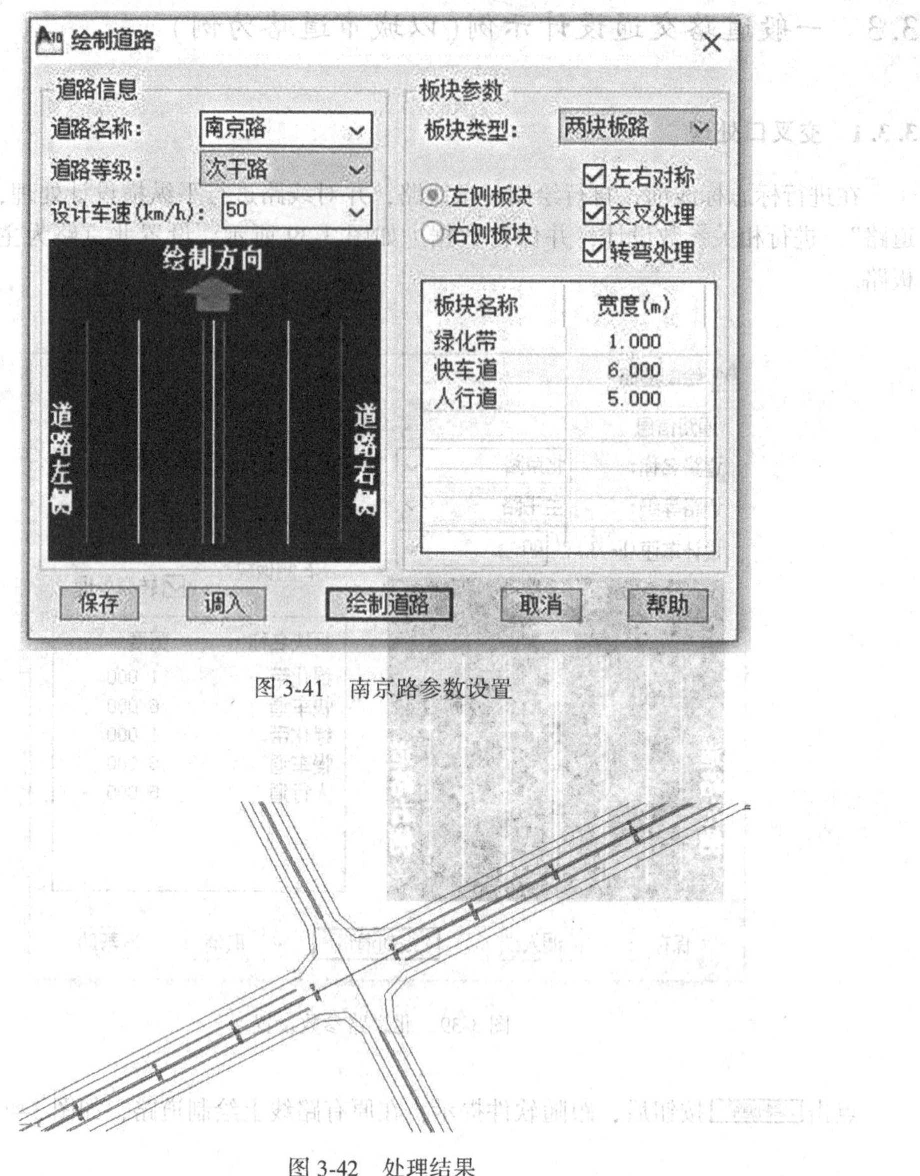

图 3-41　南京路参数设置

图 3-42　处理结果

3.3.2　进口道渠化

首先，对处理好的交叉口设计合理的交通组织优化，必须遵循设计规范。

点击："平面编辑→绿化带处理"，对绘制道路中形成的绿化带不闭合处进行处理。点击："路口处理→喇叭口"，回车，选择道路中心线。

根据图 3-43 中提示，进行相关参数设置，点击"确定"。渠化方向为远离路口的方向。渠道效果如图 3-44 所示。

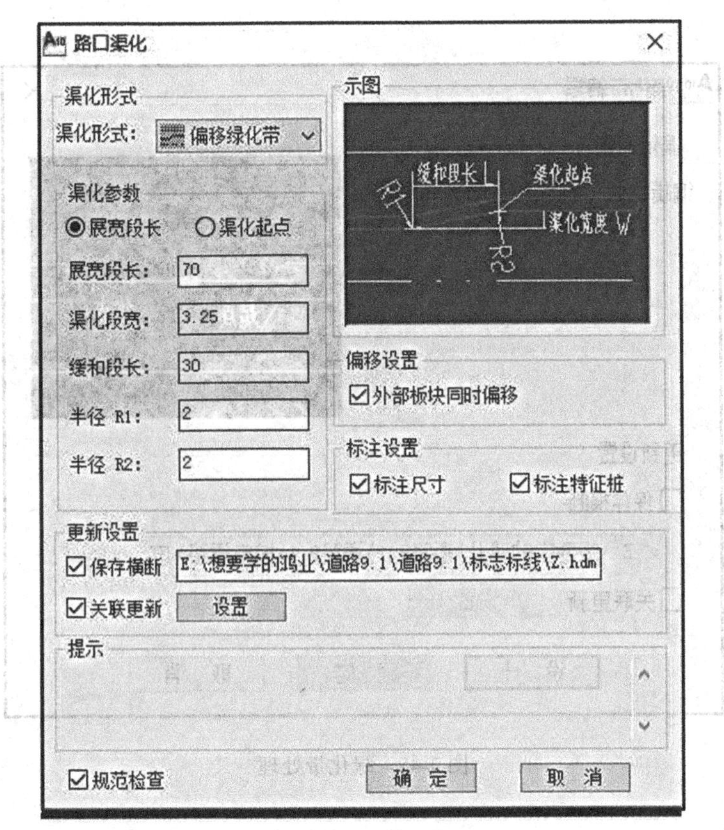

图 3-43　进口道渠化

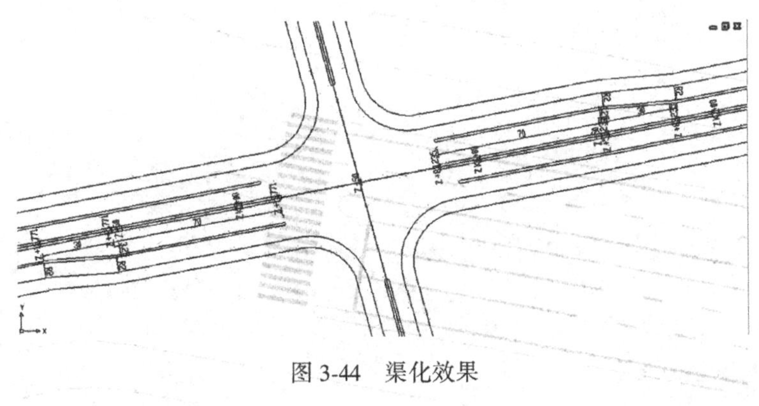

图 3-44　渠化效果

3.3.3　绘制停止线与人行横道

点击："指示标志→人行横道线"，选取人行横道线的起点与终点，默认人行横道宽度为 5m，选择宽度方向。若行人过街方式为二次过街，且在中央分隔带的绿化带中设置了安全岛，则先需对绿化带进行编辑，点击："平面编辑→绿化带处理"，编辑绿化带进行设计。如图 3-45 所示。

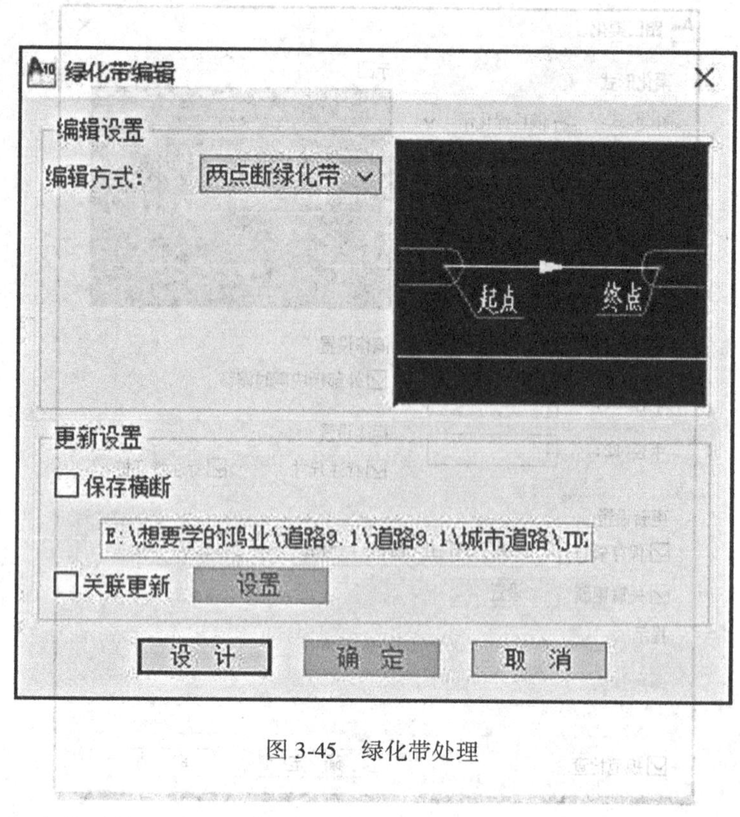

图 3-45 绿化带处理

由于鸿业没有停止线的设置，使用 CAD 多段线绘制 20~30mm 宽的停止线。如图3-46所示。

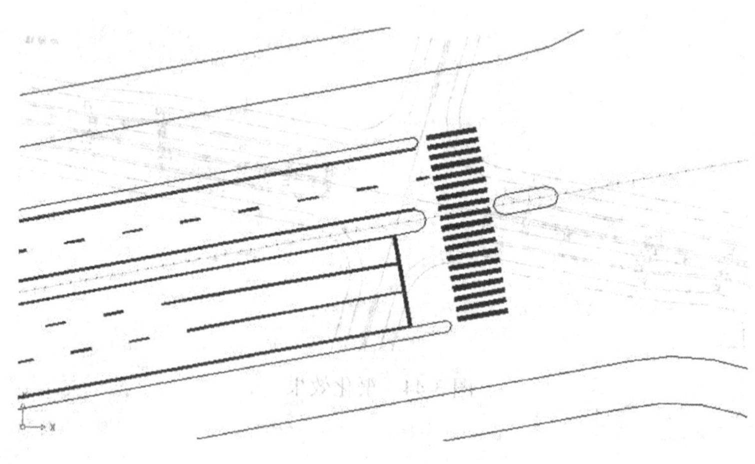

图 3-46 绿化带处理结果

3.3.4 设置标志标线

点击："指示标志→车行道边沿线"，跟随指示，回车选取中心线，对道路分段标志，默认车行道边沿线路缘带宽度为 0.15m。重复命令可快速绘制出一组分界线。如图 3-47 所示。

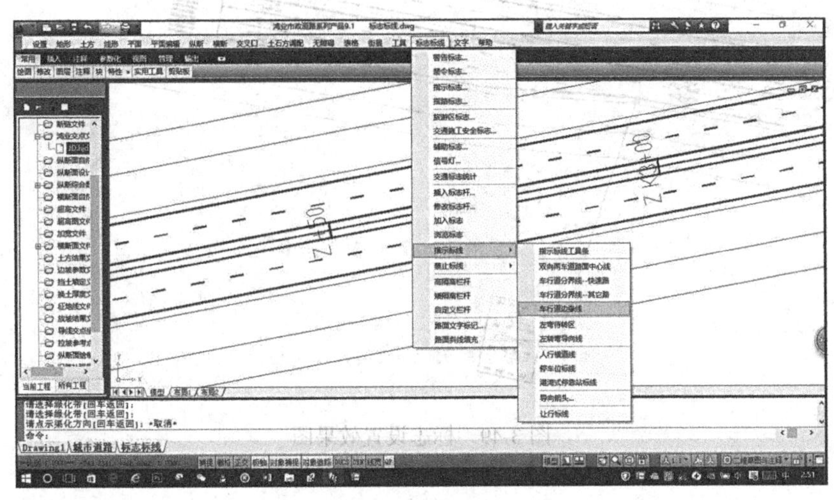

图 3-47　标线处理

同理，可以根据道路要求绘制相应的其他指示标线与禁止标线。绘制完之后，处理标志标线不重叠部分，同时根据需要进行添加、删减设置。

点击“插入标志杆”，按照命令操作，设置标志杆的指向。点击“指示标志”，找到 b43023 图块，点击【确定】按钮，在标志杆中插入图块。如图 3-48 所示。

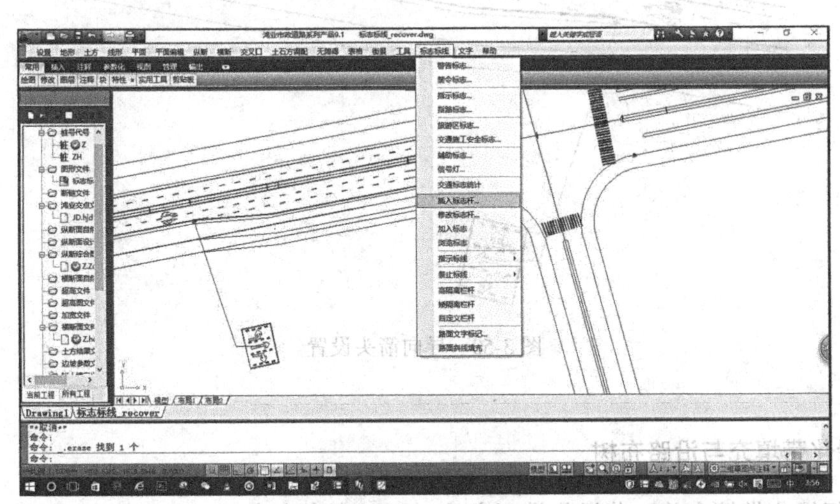

图 3-48　标志设置

3.3.5　导向箭头设置

点击：“指示标志→导向箭头”，导向箭头一般设置在路段发生变化前与交叉口停止

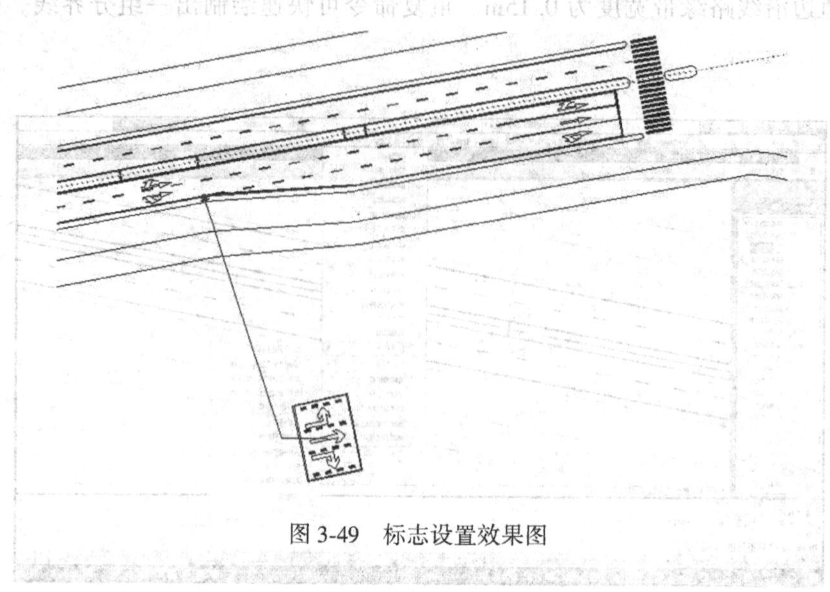

图 3-49　标志设置效果图

线前，配合标志使用。如图 3-50 所示。

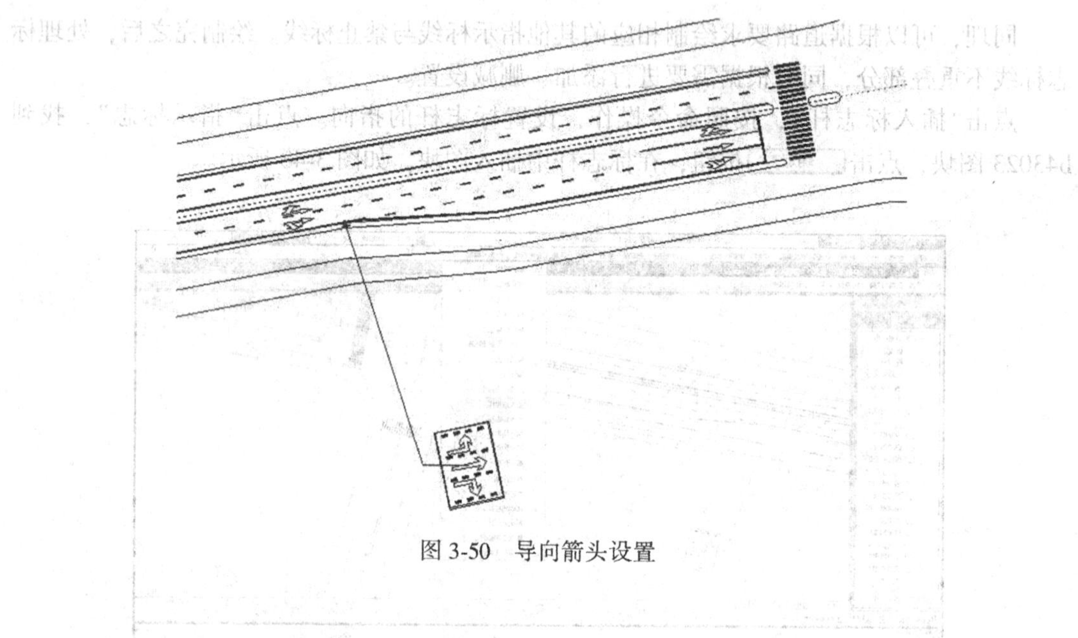

图 3-50　导向箭头设置

3.3.6　绿化带填充与沿路布树

在进行绿化带填充前，若绿化带不完整，可以事先点击："平面编辑→绿化带处理"，保证绿化带的完整性，或者刷新桩号，重新绘制。如图 3-51 所示。

平面布树是可对一整条路段进行布树，也可单点布树，在交叉口与出入口等处植物的分布以不遮挡驾驶员视线为主，结合道路绿化设计规范，可进行多种树种组合。如图 3-52 所示。

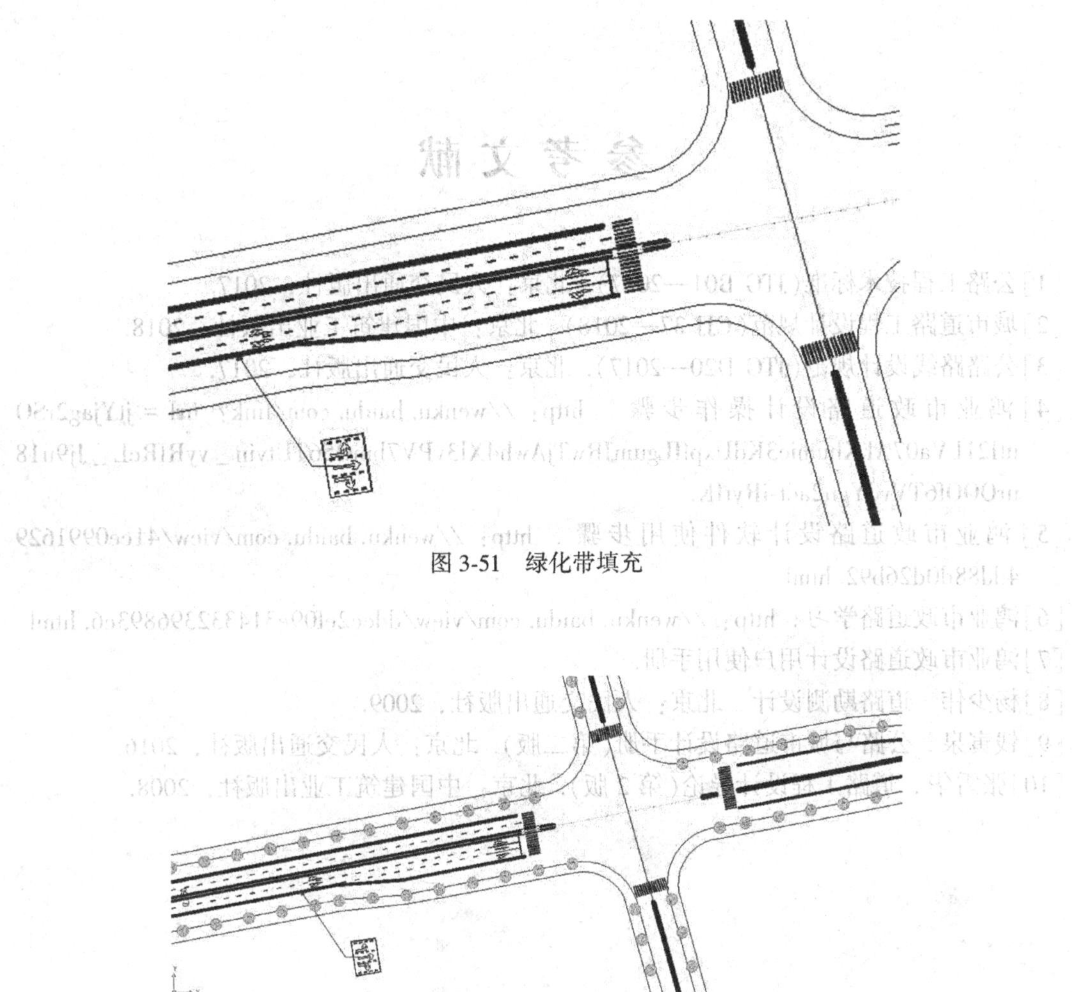

图 3-51 绿化带填充

图 3-52 沿路布树

参考文献

[1]公路工程技术标准(JTG B01—2017). 北京：人民交通出版社，2017.

[2]城市道路工程设计规范(CJJ 37—2018). 北京：中国建筑工业出版社，2018.

[3]公路路线设计规范(JTG D20—2017). 北京：人民交通出版社，2017.

[4]鸿业市政道路设计操作步骤. http：//wenku. baidu. com/link？url = jtYjag2rSOutI21LVa07ALKhumic3KdUxpfILgumJRwTjAwh4Xl3vPV7bmO56TUtvin _ vyRIRcL _ Jj9u18urOOOf6TVvdYgn2adt-iRytIK.

[5]鸿业市政道路设计软件使用步骤. http：//wenku. baidu. com/view/41ce09916294dd88d0d26b92. html.

[6]鸿业市政道路学习. http：//wenku. baidu. com/view/ddcc2ef09e314332396893c6. html.

[7]鸿业市政道路设计用户使用手册.

[8]杨少伟. 道路勘测设计. 北京：人民交通出版社，2009.

[9]钱寅泉. 公路与城市道路设计手册(第二版). 北京：人民交通出版社，2016.

[10]张雪华. 道路工程设计导论(第2版). 北京：中国建筑工业出版社，2008.